21世纪普通高等学校信息素质教育系列教材

现代信息资源检索案例化教程（第二版）

主　编　吴长江
副主编　朱丽君　黄克文

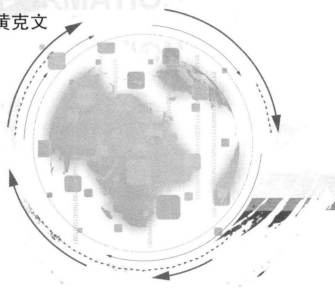

华中科技大学出版社
http://www.hustp.com
中国·武汉

内 容 提 要

本书以文献的类型为主线,以现代信息资源为核心,结合大量的操作图片和检索案例,着重讲解数据库和网络信息资源检索的理论与方法,旨在让学生熟练掌握现代信息资源检索的方法,提高学生有效利用现代信息资源的技能。

全书共分12章,结合最新信息技术,全面、详细地介绍现代信息资源检索的理论知识和具体操作方法。第1章详细介绍现代信息资源检索的基本理论知识;第2章至第10章讲解现代信息资源的检索方法和操作步骤;第11章简单介绍信息检索效果评估与分析策略;第12章简单介绍学术论文的写作与投稿。

本书可作为高等院校"信息检索"课程的教材,也可作为科研人员及广大信息工作者的参考用书。

图书在版编目(CIP)数据

现代信息资源检索案例化教程/吴长江主编. —2版. —武汉:华中科技大学出版社,2022.1
ISBN 978-7-5680-6910-6

Ⅰ.①现… Ⅱ.①吴… Ⅲ.①信息检索-案例-教材 Ⅳ.①G254.9

中国版本图书馆 CIP 数据核字(2021)第122166号

现代信息资源检索案例化教程(第二版)　　　　　　　　　　　吴长江　主编
Xiandai Xinxi Ziyuan Jiansuo Anlihua Jiaocheng(Di-er Ban)

策划编辑:袁　冲	
责任编辑:刘　静	
封面设计:孢　子	
责任监印:朱　玢	

出版发行:华中科技大学出版社(中国·武汉)　　电话:(027)81321913
　　　　　武汉市东湖新技术开发区华工科技园　　邮编:430223

录　　排:武汉创易图文工作室
印　　刷:武汉市洪林印务有限公司
开　　本:710mm×1000mm　1/16
印　　张:14.75
字　　数:294千字
版　　次:2022年1月第2版第1次印刷
定　　价:46.00元

本书若有印装质量问题,请向出版社营销中心调换
全国免费服务热线:400-6679-118　竭诚为您服务
版权所有　侵权必究

第二版前言

《现代信息资源检索案例化教程》一书在 2011 年 1 月出版后,得到了读者的肯定。该书首次出版至今已有逾十年的时间,数据库的检索界面、检索方法和信息资源的检索理念不断更新,为了适应信息社会的变化,满足读者对资源检索的需要,现推出了第二版。

第二版在保留第一版丰富的图解图表、检索案例、小贴士、视野扩展等特色的基础上,以信息资源的收集、评价、甄别、整理、分析、管理和利用为主线,本着完善信息检索知识、体现信息检索技术新进展、更新检索案例和视野扩展的原则,对第一版进行了修订。与第一版相比,第二版具有以下主要特色。

第一,更新和优化了数据库检索的界面和内容。随着这些年信息检索技术的发展,大部分数据库的检索界面更新了,如中国知网、万方数据库、EI 数据库、SciFinder 数据库等,因此,再版时我们把数据库最新的检索界面和检索方法呈现给读者。

第二,更新了检索案例和视野扩展的内容。有些检索案例是发生在我们身边的事情,如专利检索案例,就是发生在我国环保领域的一起重大涉外专利诉讼。通过这样真实的检索案例和有趣的视野扩展内容,将信息检索基础知识与检索案例分析紧密结合,有助于提升学生的学习兴趣和学习效率。

第三,增加了数据库检索屏幕录制视频。针对检索案例,利用屏幕录制软件,将数据库检索操作过程完整录制下来,并同步录制声音,进行编辑整理,将这些操作实例制作成生动的视频文件,以加深学生对操作具体的印象。有兴趣的读者可以通过扫描相关章节的二维码,或者通过邮件(E-mail:aut159@126.com)索取数据库检索屏幕录制视频。

第四,新增了学术论文写作与投稿章节。对大学生特别是研究生进行学术论文撰写训练是科研素养训练重要且必需的环节。因此,第二版新增了学术论文写作与投稿章节,重点介绍学术论文写作格式、学术规范及论文投稿相关事宜。

本书第二版的修订和出版得到了华中科技大学出版社的大力支持,编者在此向华中科技大学出版社致以诚挚的谢意。

限于编者的水平和眼界,书中不免有疏漏之处,敬请专家和读者批评指正,不胜感激。

编 者

2021 年 3 月

前　言

信息检索,就是从浩如烟海的信息海洋中查找出所需信息的过程。信息检索说难也难,说易也易。说其难,是由于我们往往被海量的冗余信息所包围,难以辨别和取舍,容易迷失方向;说其易,人们在网络上利用"百度一下""Google 搜索",就能自由地搜索自己想要的东西。说其难,有时花费大量的时间和精力,得不到自己所需要的信息;说其易,随着信息技术的快速发展,检索变得越来越"傻瓜化"。那么,今天的信息检索课应该向学生讲授些什么知识才比较合适呢? 我们编写本书的初衷和目的又是什么呢? 编写本书之前,我们对这些问题进行了深度的研讨,在编写过程中,我们力求做到以下几点。

(1) 主线清晰,突出重点。本书以信息资源的类型为主线,重点介绍各类信息资源的特色与作用。如在第 2 章介绍 CNKI 数据库时,介绍了该库的"知网节"这一特色,有助于读者通过这一特色学习来发现新知识;又如在第 6 章介绍标准的检索时,强调了"标准之争,乃利益之争"这一观点,有助于读者对标准有更深刻的了解。

(2) 便于自学,易于实践。全书用图解图表(180 幅图,22 个表)方式,并辅以检索案例(31 个案例),对数据库的检索界面、检索方法和检索技巧进行了直观详细而又通俗易懂的讲解,对检索过程中常见问题进行了分析,使读者一看便知、一读便懂,具有较强的实际指导意义。在每一章的最后还列出了思考题,以帮助读者检查并巩固所学的知识,便于自学和实践。

(3) 结合实际,注重实用。本书从读者检索与利用文献的角度,介绍了一些实用的方法和技巧。如第 2 章介绍了怎样快速查找杂志社的 E-mail 地址、如何把检索词准确翻译成英文等。书后还有三个非常实用的附录,便于读者查阅自己需要的现代信息资源网站、专利国别代码和在学习过程中遇到的信息检索专用词汇等。可以把这本书当作参考工具书,放在手边随时查阅所需信息。

(4) 内容新颖,紧跟时代。本书从信息检索原理到实际操作方法,都建立在计算机检索的基础上,摒弃了传统教材中大量篇幅讲述的手工检索,具有鲜明的时代性。在编写中,我们尽可能吸收和介绍有关现代信息资源检索的新动态、新知识和新方法,如语义搜索引擎、DOI(digital object identifier,数字对象标识符)、Articles ASAP(可在第一时间内查阅到被作者授权发布、未正式出版的最新文章)等,使本书能反映信息检索的最新进展,富有时代感。

(5) 编排生动,富有趣味。传统信息检索教材存在内容陈旧、侧重手检、语言枯燥、过于突出课程的学术性、与学生的现实需求差距过大等问题。而本书的编排形式丰富,如"小贴士"特色小栏目,是编者认为重要的知识点;"视野扩展"特色小栏目,则是与信息检索相关的小故事、小知识,如第1章后面的小知识"具有敏锐的信息洞察力,就能捕捉到商机",通过生活中的真实故事,强调了信息意识的重要性,阅读起来生动活泼、妙趣横生,调动了学生的学习积极性。

本书由吴长江负责统稿和审定,参加编写人员有:朱丽君(第1章)、黄克文(第2章)、吴长江(第3章第1、2节,第4章第2、3节,第6章,第7章,第8章,第11章)、王卫红(第3章第3节、第4章第1节)、陈湘玲(第5章)、周永忠(第9章、第10章)。在本书编写过程中,曾得到武汉工程大学图书馆艾军馆长、"大学生公民信息素养培训研究"课题组的指导和帮助,在此一并表示衷心感谢。本书在编写过程中参考了大量的国内外文献,在此向有关作者表示谢意。

如果您在学习过程中遇到问题,或者对本书有中肯的意见,请发送邮件至 wxsy2000@126.com,我们愿与您共同探讨、共同提高。由于当前信息技术发展很快,数据库层出不穷,检索手段在不断改进,加之我们水平有限,书中错误和不当之处在所难免,敬请同行专家和广大读者批评指正。

编 者

2010 年 3 月

目 录

第1章 现代信息资源与检索概述 (1)
1.1 现代信息资源概述 (1)
1.1.1 信息、知识、情报与文献 (1)
1.1.2 信息资源 (2)
1.1.3 信息资源类型 (2)
1.2 现代信息资源检索概述 (10)
1.2.1 检索意义 (10)
1.2.2 检索原理 (12)
1.2.3 检索语言 (13)
1.2.4 检索途径 (17)
1.2.5 检索步骤 (18)
1.2.6 检索技术 (19)
1.2.7 检索策略 (23)
思考题 (25)

第2章 中文数据库检索 (26)
2.1 中国知网及其检索 (26)
2.1.1 概述 (26)
2.1.2 检索方法 (27)
2.1.3 检索案例 (32)
2.2 维普资讯及其检索 (35)
2.2.1 概述 (35)
2.2.2 检索方法 (35)
2.2.3 检索案例 (38)
思考题 (41)

第3章 外文摘要型数据库及其检索 (42)
3.1 SciFinder Web 数据库及其检索 (42)
3.1.1 概述 (42)
3.1.2 检索方法 (43)
3.1.3 检索案例 (52)
3.2 SCI 数据库及其检索 (58)
3.2.1 概述 (58)
3.2.2 检索方法 (59)

  3.2.3 检索结果与分析 …………………………………………………… (61)

  3.2.4 检索案例 ……………………………………………………………… (63)

 3.3 EI Village 数据库及其检索 …………………………………………………… (66)

  3.3.1 概述 …………………………………………………………………… (66)

  3.3.2 检索方法 ……………………………………………………………… (66)

  3.3.3 检索案例 ……………………………………………………………… (70)

思考题 ……………………………………………………………………………………… (73)

第4章　外文全文型数据库及其检索 ………………………………………………… (75)

 4.1 EBSCO 数据库及其检索 ……………………………………………………… (75)

  4.1.1 概述 …………………………………………………………………… (75)

  4.1.2 检索方法 ……………………………………………………………… (76)

  4.1.3 检索案例 ……………………………………………………………… (79)

 4.2 Springer Link 数据库及其检索 ………………………………………………… (80)

  4.2.1 概述 …………………………………………………………………… (80)

  4.2.2 检索方法 ……………………………………………………………… (81)

  4.2.3 检索案例 ……………………………………………………………… (84)

 4.3 ACS 数据库及其检索 ………………………………………………………… (86)

  4.3.1 概述 …………………………………………………………………… (86)

  4.3.2 检索方法 ……………………………………………………………… (88)

  4.3.3 检索案例 ……………………………………………………………… (91)

思考题 ……………………………………………………………………………………… (96)

第5章　专利文献及其检索 …………………………………………………………… (97)

 5.1 专利及专利文献基础知识 ……………………………………………………… (97)

  5.1.1 专利文献的特点 ……………………………………………………… (97)

  5.1.2 专利文献的作用 ……………………………………………………… (98)

  5.1.3 专利文献的分类 ……………………………………………………… (99)

  5.1.4 授予专利权的条件 …………………………………………………… (100)

 5.2 中国专利文献知识 ……………………………………………………………… (101)

  5.2.1 中国专利的类型 ……………………………………………………… (101)

  5.2.2 中国专利文献的编号 ………………………………………………… (101)

 5.3 中国专利文献检索 ……………………………………………………………… (105)

  5.3.1 国家知识产权局网站 ………………………………………………… (105)

  5.3.2 检索方法 ……………………………………………………………… (105)

  5.3.3 检索案例 ……………………………………………………………… (106)

 5.4 美国专利文献检索 ……………………………………………………………… (108)

  5.4.1 美国专利商标局网站 …………………………… (108)
  5.4.2 检索方法 ……………………………………… (109)
  5.4.3 检索案例 ……………………………………… (111)
 5.5 欧洲专利文献检索 …………………………………… (114)
  5.5.1 欧洲专利局网站 ……………………………… (114)
  5.5.2 检索方法 ……………………………………… (114)
  5.5.3 检索案例 ……………………………………… (116)
 思考题 ……………………………………………………… (120)

第6章 标准文献及其检索 ………………………………… (121)
 6.1 标准文献概述 ………………………………………… (121)
  6.1.1 标准文献的特点 ……………………………… (122)
  6.1.2 标准文献的作用 ……………………………… (122)
  6.1.3 标准文献的分类 ……………………………… (123)
  6.1.4 标准文献的编号 ……………………………… (123)
  6.1.5 标准文献分类法 ……………………………… (124)
 6.2 标准文献检索 ………………………………………… (126)
  6.2.1 国内标准文献检索 …………………………… (127)
  6.2.2 国际标准文献检索 …………………………… (128)
 6.3 检索案例 ……………………………………………… (129)
 思考题 ……………………………………………………… (133)

第7章 学位论文及其检索 ………………………………… (134)
 7.1 学位论文概述 ………………………………………… (134)
 7.2 学位论文检索 ………………………………………… (135)
  7.2.1 国内学位论文检索 …………………………… (135)
  7.2.2 国外学位论文检索 …………………………… (137)
 7.3 检索案例 ……………………………………………… (139)
 思考题 ……………………………………………………… (143)

第8章 会议文献及其检索 ………………………………… (144)
 8.1 会议文献概述 ………………………………………… (144)
  8.1.1 会议文献的类型 ……………………………… (144)
  8.1.2 会议文献的出版形式 ………………………… (145)
 8.2 会议文献检索 ………………………………………… (145)
  8.2.1 国内会议文献检索 …………………………… (145)
  8.2.2 国外会议文献检索 …………………………… (147)
 8.3 检索案例 ……………………………………………… (148)

思考题 ……………………………………………………………………… (151)

第9章 电子图书及其检索 ……………………………………………… (152)
9.1 电子图书概述 ………………………………………………………… (152)
9.1.1 电子图书的种类 ………………………………………………… (152)
9.1.2 中文电子图书全文数据库 ……………………………………… (153)
9.2 电子图书检索方法 …………………………………………………… (156)
9.3 检索案例 ……………………………………………………………… (157)
思考题 ……………………………………………………………………… (159)

第10章 网络免费信息资源及其获取 ………………………………… (161)
10.1 网络免费信息资源概述 …………………………………………… (161)
10.2 网络免费信息资源获取 …………………………………………… (162)
10.2.1 通过专业搜索引擎获取 ……………………………………… (162)
10.2.2 通过网络资源导航获取 ……………………………………… (163)
10.2.3 通过专业信息机构获取 ……………………………………… (165)
10.3 检索案例 …………………………………………………………… (170)
思考题 ……………………………………………………………………… (173)

第11章 检索效果评估与提高 ………………………………………… (175)
11.1 检索效果评估 ……………………………………………………… (175)
11.2 扩大检索与缩小检索 ……………………………………………… (176)
11.2.1 扩大检索 ……………………………………………………… (176)
11.2.2 缩小检索 ……………………………………………………… (176)
11.3 检索词的选取规律 ………………………………………………… (177)
11.4 检索效果的提高 …………………………………………………… (180)
11.4.1 中文期刊数据库 ……………………………………………… (180)
11.4.2 中文专利数据库 ……………………………………………… (182)
11.4.3 英文数据库 …………………………………………………… (182)
思考题 ……………………………………………………………………… (184)

第12章 学术论文写作与投稿 ………………………………………… (185)
12.1 学术论文概述 ……………………………………………………… (185)
12.1.1 学术论文定义 ………………………………………………… (185)
12.1.2 学术论文类型 ………………………………………………… (185)
12.1.3 学术论文写作的意义 ………………………………………… (186)
12.2 学术论文写作格式 ………………………………………………… (187)
12.2.1 前置部分 ……………………………………………………… (187)
12.2.2 主体部分 ……………………………………………………… (191)

  12.2.3 后置部分 ………………………………………………………… (196)
  12.2.4 参考文献著录格式 ……………………………………………… (196)
 12.3 学术规范 ……………………………………………………………… (199)
  12.3.1 概述 ……………………………………………………………… (199)
  12.3.2 文献的合理使用 ………………………………………………… (200)
 12.4 投稿指南 ……………………………………………………………… (203)
  12.4.1 投稿前的准备 …………………………………………………… (203)
  12.4.2 拟投期刊的遴选 ………………………………………………… (204)
  12.4.3 投稿期刊的选择评价工具 ……………………………………… (205)
  12.4.4 回复审稿人的意见 ……………………………………………… (206)
  12.4.5 网上投稿示例 …………………………………………………… (206)
 思考题 ……………………………………………………………………… (211)
附录 …………………………………………………………………………… (212)
 附录A 表示国家或地区名称的国际通用代码(部分) ……………… (212)
 附录B 英汉信息检索常用词汇 ……………………………………… (215)
参考文献 ……………………………………………………………………… (220)

第 1 章　现代信息资源与检索概述

当今社会,信息技术日新月异,信息资源浩如烟海。因此,对信息资源的获取、加工、处理及对信息工具的掌握和使用,是生存于信息时代的当务之急。本章将对信息资源、检索语言和检索技术等现代信息资源检索的理论知识进行介绍。

1.1　现代信息资源概述

1.1.1　信息、知识、情报与文献

不同的时代、不同的学科、不同的专家对信息、知识、情报与文献有不同的解释,到目前为止,对它们的定义尚无统一的定论。在日常生活中,"信息""知识""情报""文献"四个术语经常被替代使用,那么,它们之间有什么联系和区别呢?下面只从本书论述的范畴,对它们做简要说明。

1. 信息

信息是表示物质存在的一种方式、形态,也是事物的一种普遍属性,一般指数据、消息中所包含的意义,可以使消息中所描述事件的不定性减少。

2. 知识

知识是人们在改造世界的实践中所获得的认识和经验的总和,是人的大脑通过思维重新组合的系统化的信息集合。知识来源于信息,是信息的一部分。

3. 情报

情报是为了解决一个特定的问题所需要的激活了的、活化了的特殊知识或信息。情报具有知识性、传递性和效用性等三个基本属性。

4. 文献

文献是指记录有知识的一切载体,即以文字、图像、符号、声频、视频等作为记录手段,对信息进行记录或描述,能起到存储和传播信息情报与知识作用的载体。

5. 四者之间的关系

知识来源于信息,是理性化、优化和系统化的信息;情报是解决特定问题的知识和智慧,是激活的那部分知识;文献是它们的载体。信息、知识、情报、文献四者

之间的关系如图1-1所示。

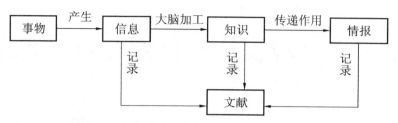

图1-1　信息、知识、情报、文献四者之间的关系

20世纪90年代初,情报学界提出了信息、情报同义的观点,主张以"信息"一词取代"情报",其理由为:①"信息""情报"的英文均为"information",改为"信息"一词有利于交流;②在收集、加工处理、传递、检索过程中,信息和情报所遵循的原理和方法及采取的技术完全相同,在检索实践中根本不存在上述定义域的区分。

当本书讨论检索活动涉及"信息"一词时,基于文献(或出版物)是信息的重要载体,而且本书所述的信息更特指文献中所包含的信息,即文献信息,因此常常把信息检索视为文献检索。如此混同的另一原因往往是将索取到与检索提问相关的原始文献作为检索的终点。在本书中,将"信息检索""文献检索""文献信息检索"视为同一概念。

小贴士

竞争情报是用合法和道德的手段,通过长期系统地跟踪、收集、分析和处理各种可能对企业发展、决策及运行产生影响的信息,最终提炼出的本企业及主要对手企业在市场竞争中的优势、劣势和机会的关键情报。它可帮助企业各职能部门,如战略规划、投资与购并、研究与发展、市场营销等部门的管理者,在信息充分的条件下制订决策。

1.1.2　信息资源

对信息资源的定义,如同信息一样,目前也有不同的方法。著名学者吴慰慈等人对信息资源的论述为:信息资源是经过人类采集、开发并组织的各种媒体的有机集合,也就是说,信息资源既包括制品型的文献资源,也包括非制品型的电子信息资源。信息资源具有客观性、寄载性、动态性、共享性、传递性等特点。

1.1.3　信息资源类型

1.1.3.1　按信息资源的加工层次分类

1. 零次文献

零次文献是最原始或者是不正式的记录,大多数是没有公开传播的文献。它包括日常交谈、参观展览、参加报告会、听取经验交流演讲、实验等的原始记录或工程草图等。

零次文献不仅在内容上有一定的价值，而且没有一般公开文献从信息的客观形成到公开传播费时甚多的弊病，其新颖程度颇为诸多学者所关注。

2. 一次文献

在科学研究、生产实践中，根据科研成果、发明创造撰写的文献，称为一次文献（又称为原始文献）。一次文献是文献的主体，是最基本的信息资源，是文献检索的主要对象。诸如专著、报刊论文、会议文献、学位论文、专利说明书、科技档案、技术标准、科技报告等，多属一次文献。

3. 二次文献

将分散的、无序的一次文献，按照一定的原则进行加工、整理、提炼、组织而得到的便于存储、检索的系统文献称为二次文献。二次文献主要有目录、题录、文摘、索引等。

4. 三次文献

三次文献是在利用二次文献的基础上，选用一次文献的内容，进行分析、概括、综合研究和评价而编写出来的文献。它又可分为综述研究类和参考工具类两种类型。前者如动态综述、学科总结、专题述评、进展报告等；后者如年鉴、手册等。三次文献源于一次文献，又高于一次文献，属于一种再创性文献。三次文献一般来说具有系统性好、综合性强的特点，其内容比较成熟，常常附有大量的参考文献，有时可作为查阅文献的起点。三次文献主要有综述、述评、书评等。

从一次文献到二次文献、三次文献，每个环节都不断融入了著者及文献工作者的创造性劳动，使信息资源得到鉴别、提纯，不断满足人们的各种需求。信息资源经过加工、整理、浓缩，从一次文献到三次文献的变化，是信息资源由分散到集中、由无序到有序的过程；信息资源内容随层次的变化逐步老化，但其可检性、易检性及可获得性在不断递增；信息资源的这一层次变化，使人们获取信息变得有章可循。

1.1.3.2 按信息资源的出版类型分类

1. 图书

图书大多是对已发表的科技成果、生产技术知识和经验通过选择、比较、核对、组织而成的。该类型文献内容成熟、定型，论述系统、全面、可靠。但图书出版周期较长，知识的新颖性不够。图书一般包括下面几种类型：专著、词典、手册、百科全书等。图书著录格式示例如下：

```
书      名:生物信息学应用技术
作      者:王禄山,高培基
出版机构:北京:化学工业出版社
出版年份:2008 年
页      码:253 页
ISBN:978-7-122-01076-6
中图法分类:Q811.4
价格:¥39.00
```

小贴士

ISBN 是国际标准书号(international standard book number)的简称,是专门为识别图书等文献而设计的国际编号。ISO 于 1972 年颁布了 ISBN 国际标准,并在德国柏林国家图书馆设立了实施该标准的管理机构——国际 ISBN 中心。现在,采用 ISBN 编码系统的出版物有图书、小册子、缩微出版物、盲文印刷品等。当前,ISBN 有 10 位数字(2007 年之前使用的号码)和 13 位数字(2007 年之后使用的号码)两种。

例如:图书《教你免费查专利》(蔡志勇编,2007 年)的 ISBN 为"978-7-122-00233-4",其中,978 代表图书,7 代表中国,122 代表出版社代号(化学工业出版社),00233 代表书名号,4 是计算机校验号。

2. 期刊

期刊一般是指具有固定题名,定期或不定期出版的连续出版物。期刊上刊载的论文大多数是原始文献,包含许多新成果、新动向,其特点是出版周期短,报道文献速度快,内容新颖,发行及影响面广。据估计,从期刊上得到的信息资源占信息来源的 65% 以上。期刊论文著录格式示例如下:

```
论文题名:氮化碳晶体的研究进展
英文题名:Progress in the Synthesis and Characterization of Carbon Nitride Crystals
作      者:马志斌
作者单位:武汉工程大学材料科学与工程学院,湖北武汉,430073
刊      名:新型炭材料
年 卷 期:2006 年 21 卷 3 期,起止页码:277-284
关 键 词:氮化碳;晶体合成;晶体表征
摘      要:介绍了氮化碳晶体的合成与表征研究进展,分析了氮化碳晶体合成中存在的主要困难。分析表明:现有的研究结果还没有给出氮化碳晶体合成的确信证据……
```

小贴士

ISSN,即国际标准连续出版物号(international standard serial number),由8位数字分两段组成,前7位是顺序号,末位是校验号。例如:期刊《自动化与仪表》的ISSN为:"1001-9944"。

因为很多数据库均设有ISSN的检索字段,只要输入几个简单的数字,便可以得知是否有该期刊以及该期刊的名称、馆藏状况等信息。

3. 专利文献

专利文献是指由国家知识产权局公布出版或归档的所有与专利申请案有关的文件和资料。中国专利文献的种类有发明专利文献、实用新型专利文献和外观设计专利文献。专利文献著录格式示例如下:

```
申 请 号:200710168693.5
名称:一种从松针中提取松针精油的方法
公开(公告)号:CN101191103A
主分类号:C11B9/00
申请(专利权)人:武汉工程大学
地 址:430074  湖北省武汉市洪山区雄楚大街693号
发明(设计)人:朱圣东,吴元欣,陈启明,邓凡,冯华芳,池汝安,喻子牛
专利代理机构:湖北武汉永嘉专利代理有限公司
申请日:2007.12.10
公开(公告)日:2008.06.04
代 理 人:王守仁
摘要:本发明涉及一种从松针中提取松针精油的方法,其不同之处在于首先将阴干的松针粉碎,粉碎后过40目筛,然后向其中加入亲水的离子液体,所述的松针与亲水的离子液体的质量体积比为1:2～20(g:mL)……(申请公开说明书5页)
```

4. 标准文献

标准文献(standard document)是指按规定程序制订,经公认权威机构(主管机关)批准的一整套在特定范围内必须执行的规格、规则、技术要求等规范性文献。按使用范围,标准可分为国际标准、区域性标准、国家标准、行业标准和企业标准等。标准文献著录格式示例如下:

```
名称:室内空气质量标准
英文名称:Indoor Air Quality Standard
标准编号:GB/T 18883—2002
发布日期:2002-11-19
实施日期:2003-3-1
中国标准分类号:Z50
国际标准分类号:13.040.01
关键词:空气;室内空气;室内;质量
开本页数:15P
```

5. 学位论文

学位论文是高等学校、科研机构的毕业生、研究生为获得学位所撰写的论文。学位论文探讨的问题往往比较专深,一般具有一定的创造性。学位论文根据学位的不同可分为学士学位论文、硕士学位论文、博士学位论文。学位论文著录格式示例如下:

```
论文题名:三峡库区水质时间序列分析与发布
作者:李程
作者专业:地理信息系统
导师姓名:艾廷华,颜辉武
授予学位:硕士
授予单位:武汉大学
学位时间:20050513
分类号:P208、O211.61、X832
关键词:水质;时间序列分析;时空分析;三峡库区;地理信息系统
摘要:时间序列分析从二十世纪二十年代被提出以来,经过七十年的发展,目前在经济金融、气象水文、信号处理等领域有广泛的应用。在地理信息系统领域,把地理事件和地理现象按照时间先后顺序排列起来,也就成为一个时间序列,因此时间序列分析必然是时空分析一种不可缺少的分析方法……
```

◆ 小贴士

在学位论文著录格式中,PhD thesis 指博士学位论文,MS dissertation 指硕士学位论文。

6. 会议文献

会议文献是指在国内外重要学术会议上发表的论文和报告,此类文献代表某学科领域的最新成就,反映该学科领域的发展趋势。会议文献分为会前文献(论文预印本和论文摘要)和会后文献(会议录)。会议论文著录格式示例如下:

> 论文题目:电子墨水用纳米 TiO_2 白色颗粒的制备
> 作者:李金换
> 作者单位:陕西科技大学,材料科学与工程学院,陕西,西安,710021
> 会议名称:第六届中国功能材料及其应用学术会议
> 会议时间:20071115
> 会议地点:武汉
> 主办单位:中国仪器仪表学会;中国物理学会;中国光学学会
> 母体文献:第六届中国功能材料及其应用学术会议
> 出版时间:20071115
> 页码:275~277
> 分类号:TN304.21 TP334.83
> 关键词:电子墨水;TiO_2 颗粒;纳米粉体;分散性;金红石相
> 摘要:以 $Ti(OC_4H_9)_4$ 为原料,在溶有聚乙烯醇或聚乙烯吡咯烷酮分散剂的溶液中直接水解、胶溶,制备出单分散性、热稳定性良好,平均粒径在 500 nm 的电子墨水用 TiO_2 纳米微粒,研究了 $Ti(OC_4H_9)_4$ 浓度、水解时间、溶剂加入方式对纳米微粒粒径的影响……

7. 科技报告

科技报告是科技人员围绕某一专题从事研究取得成果以后撰写的正式报告,或者是在研究过程中每个阶段的进展情况的实际记录。其特点是内容详尽专深,有具体的篇名、机构名称和统一的连续编号(即报告号),一般单独成册。

科技报告的种类有技术报告、札记、论文、备忘录、通报等。科技报告是在第二次世界大战期间及战后迅速发展起来的,目前全世界每年约有 10 万件科技报告产生,其中以美国政府研究报告(PB、AD、NASA、DOE)为主。科技报告著录格式示例如下:

> 著者:R. Cole, Y. Muthusamg and M. Fanty
> 报告题名:The ISOLET spoken letter database
> 机构名称:Oregon Graduate Institute
> 报告号:Tech. Rep. 90-004
> 报告发表日期:1990

8. 政府出版物

政府出版物是指政府部门及其所属机构颁发出版的文献。该文献对于了解某国的科技、经济等方面的政策和事件有一定的参考价值。政府出版物著录格式示例如下:

> 法规标题:国务院关于加快发展旅游业的意见
> 发布部门:国务院
> 发文字号:国发[2009]41 号
> 发布日期:2009.12.01
> 实施日期:2009.12.01
> 法规类别:旅游综合规定
> 唯一标志:124305
> 内容:各省、自治区、直辖市人民政府,国务院各部委、各直属机构:旅游业是战略性产业,资源消耗低,带动系数大,就业机会多,综合效益好。
> 　　改革开放以来,我国旅游业快速发展,产业规模不断扩大,产业体系日趋完善……

9. 科技档案

科技档案是指单位在技术活动中所形成的技术文件、图纸、图片、原始技术记录等资料,包括任务书、协议书、技术指标、审批文件、研究计划、方案、大纲、技术措施、调研材料等,它是生产建设和科研活动中用于积累经验、吸取教训和提高质量的重要文献。科技档案具有保密和内部使用的特点,一般不公开。科技档案著录格式示例如下:

> 来源:福建省科技档案馆
> 名称:中亚热带常绿阔叶林生态采伐作业系统研究
> 时间:2005 年 9 月 8 日
> 主要完成单位:福建农林大学
> 主要完成人员:周新年,邱仁辉,杨玉盛,游明兴,潘仁钊
> 省级成果登记号:20010074
> 主要内容:选择皆伐作业的 5 种集材方式与采伐强度为 30% 的择伐作业,进行土壤理化性质指标变化程度的比较。经主成分分析得出不同采伐、集材方式对林地土壤理化性质的干扰程度,并作出科学排序……

10. 产品样本

产品样本是国内外生产厂商或经销商为推销产品而印发的企业出版物,是用

来介绍产品的品种、特点、性能、结构、原理、用途和维修方法、价格等的资料。据不完全统计,全世界每年出版的产品样本有 70 万～80 万种。产品样本著录格式示例如下:

> 产品名称:地铁逃生标识
>
> 产品简介:地铁逃生标识采用蓄光型自发光材料。该标志牌除具有普通消防安全标志牌的作用外,它固有的蓄光自发光功能可在突发性事件引起停电时,在黑暗中起到无需电源的应急标志作用……
>
> 产品厂家:四川新力光源有限公司

小贴士

作者向刊物投稿时,所撰写论文的参考文献有各种文献类型,其著录格式要按照规定的格式进行标注,具体标注见《信息与文献 参考文献著录规则》(GB/T 7714—2015)中的规定。文献类型和标志代码如表 1-1 所示。

表 1-1 文献类型和标志代码

文献类型	标志代码	对应的英文名
普通图书	M	monograph
期刊	J	journal
专利	P	patent
标准	S	standard
学位论文	D	dissertation
会议文献	C	conference
科技报告	R	report
报纸	N	newspaper
数据库	DB	database
计算机程序	CP	computer program
电子公告	EB	electronic bulletin board
联机网络	OL	online

1.1.3.3 按信息资源的载体形式分类

1. 刻写型文献

刻写型文献是指在印刷术尚未发明之前的古代文献和当今尚未正式付印的手

写记录,以及正式付印前的草稿,如古代的甲骨文、金石文、绵帛文、竹木文,以及现今的会议录、手稿等。

2. 印刷型文献

印刷型文献是指印刷术发明之后,以纸张为存储载体,通过油印、铅印、胶印、静电复印等手段,将文字固化在纸张上所形成的文献。这种类型文献的形式自印刷术发明至今仍然是一种重要的出版形式,各种内容的图书、期刊、报纸都属于此种类型文献。印刷型文献的优点是便于传递和阅读,并且阅读时不需借助任何技术设备。但由于体积大,存储密度低,所占的存储空间很大,印刷型文献很难实现自动化管理和提供自动化服务。

3. 视听型文献

视听型文献又称声像型文献。它是以磁性材料或感光材料为存储载体,借助特定的机械电子设备直接记录声音信息和图像信息所形成的文献,如录音带、录像带、唱片、幻灯片等。视听型文献的特点是形象直观、逼真,使人能闻其声、观其形,但使用时需要借助一定的设备。

4. 缩微型文献

缩微型文献又称为缩微复制品文献,它是以感光材料为载体,以印刷型文献为母本,采用光学摄影技术,将文献的体积浓缩而固化到载体上的文献,如缩微卡片、平片、胶卷等。缩微型文献体积小,密度大,易于传递,平均可以节约存储面积95%以上,并且保存期较长,不易损坏和变质,但不能直接用肉眼阅读,需借助各种型号的阅读器。

5. 机读型文献

机读型文献是以磁性材料为存储载体,以穿孔、打字或光学字符识别装置为记录手段而形成的文献,如磁带、磁盘、光盘等。机读型文献包括题录、文摘、全文等各种类型数据库,其特点是一次加工,多次使用,存储容量大,存取速度快,节省存放空间,易于实现资源共享,是一种很有发展前途的文献类型。但是检索利用机读型文献时,必须借助电子计算机。

1.2 现代信息资源检索概述

1.2.1 检索意义

1. 借鉴前人成果,避免重复劳动

科研人员通过观察和思考获得研究题目后,首先需要确认这个题目别人有没有研究过,才能决定是否需要着手研究这个题目,这个确认过程一般是通过查阅相关文献来实现的。

通过文献检索和调研,了解自己所研究的方向目前世界上是怎样的研究现状——国内外是否有人做过或者正在做同样的工作,做到了何种程度,取得了哪些成果,尚存在什么问题等。在广泛了解科研动向的基础上,借鉴前人经验,启迪创新思维,改进自己的工作。只有这样,才能有所发现、有所创新、有所前进。

一些技术开发者埋头苦干、绞尽脑汁开发出新的产品,有可能吃侵权官司。美的集团1995年开发的一款新型柜式空调,被日本三洋公司指控侵权,不得不付出245万元的专利使用费。

为什么?你开发的所谓"新产品",别人已经申请了专利。所以大公司在开发一种新产品时第一件事就是做专利文献检索,第二件事就是把专利申请到手或者都买来形成"专利地雷区"。

据欧洲专利局2004年统计,世界上80%以上的科技信息首先在专利文献中出现。善于利用专利文献,可减少60%的研发时间和40%的科研经费。

诺贝尔因发明炸药、雷管并经营、生产这两样东西而成为富豪。但炸药中的主要成分硝化甘油并不是他发明的。硝化甘油是意大利科学家沙布利洛1847年发明的,开始是作为医药进行研究的。硝化甘油具有舒张血管的作用,可用于治疗心绞痛,但因试管中的硝化甘油突然爆炸而受伤,沙布利洛从此便停止了试验。由于硝化甘油容易爆炸,诺贝尔根据这一现象,经过许多次试验和研究,发明炸药和雷管。

2. 跟踪学科前沿,开阔学术眼界

要想站在学科的前沿,就必须具备深厚的专业素养和优秀的信息素养。良好的信息素养,能帮助我们了解与自己研究方向有关的科研机构,熟悉本研究领域的国际领袖人物,密切关注在该研究领域发表的论文并认真研读。定期读几篇 nature、Science 等世界顶级杂志,经常浏览所从事领域的核心期刊,我们可以从中跟踪学科前沿,开阔学术眼界,拓宽知识面,可能得到新的想法和思路,从中寻找新的灵感及突破口。

在粒子加速领域具有开创性贡献的物理学家中国科学院院士谢家麟,获得2011年度国家最高科技奖。谢家麟对科技前沿的关注令很多人惊讶,据他的学生高杰回忆,2005年3月的某个星期一上午,他接到谢家麟的一个电话。到了办公室,谢家麟给他看了2004年底英国 nature 杂志上关于激光等离子体加速实验的三篇文章,这三篇文章所展示的实验结果显示了这一领域里程碑式的进步和重要机遇。之后,根据谢家麟的建议,中国高等科学技术中心于2005年11月举办了第一届激光等离子体加速研讨会。在之后的五年里,高杰有两位博士研究生成为中国科学院高能物理研究所第一批在激光等离子体加速前沿技术方面的博士毕业生。"我很佩服他的科研布局,他总能关注到最新的领域,而且还能得以落实,让中国的高能研究不会处于'一条腿长,一条腿短'的不平衡状态。"高杰说。

要跟踪学科前沿,全面地掌握信息资源,就必须借助各类信息检索工具,浏览本领域的核心期刊,了解本领域的核心机构,熟悉本领域的核心作者,知道本领域的核心文献,确保选题前沿。

3. 掌握检索方法,促进终身学习

现代科技的发展日新月异,知识的有效期不断缩短。微软公司曾做过一个统计:在每一名微软员工所掌握的知识内容里,只有大约10%是员工在过去的学习和工作中积累得到的,其他知识都是在加入微软公司后重新学习的。这一数据充分表明,一个缺乏自学能力的人是难以在微软公司这样的现代企业中立足的。

学习是一辈子的事情,是一场马拉松。因此,现代高等教育在给学生传授基本知识的同时,必须注重培养学生的自学能力和创新意识。人们只有掌握信息检索的方法,才具有对新知识的敏感力和接受力,从而具有获取新知识的能力和技能,也就具有终身学习的能力。

1.2.2 检索原理

现代信息资源检索是指利用计算机存储和检索信息的过程。具体地说,就是指人们在计算机或计算机检索网络的终端机上,使用特定的检索指令、检索词和检索策略,从计算机检索系统的数据库中检索出所需的信息,继而再由终端设备显示或打印的过程。为实现计算机信息检索,必须事先将大量的原始信息进行加工处理,以数据库的形式存储在计算机中,所以计算机信息检索广义上讲包括信息的存储和检索两个方面。

1. 计算机信息存储

计算机信息存储的具体做法是将收集到的原始文献进行主题概念分析,并根据一定的检索语言抽取出主题词、分类号以及文献的其他特征进行标识,或者写出文献的内容摘要;然后把这些经过"前处理"的数据按一定格式输入计算机存储起来,计算机在程序指令的控制下对数据进行处理,形成机读数据库,存储在存储介质(如磁盘或光盘)上,完成信息的加工存储过程。

2. 计算机信息检索

这是用户对检索课题加以分析,明确检索范围,弄清主题概念,然后用系统检索语言来表示主题概念,形成检索标识及检索策略,输入计算机进行检索的过程。计算机按照用户的要求将检索策略转换成一系列提问,在专用程序的控制下进行高速逻辑运算,选出符合要求的信息输出。计算机检索的过程实际上是一个比较、匹配的过程,检索提问只要与数据库中的信息的特征标识及其逻辑组配关系相一致,就属"命中",即找到了符合要求的信息。

1.2.3 检索语言

人们在社会生活中必然要学习运用自然语言,学计算机必须掌握程序设计语言,同时,学信息检索就必须对信息检索语言有较为深入的了解。

所谓的信息检索语言就是信息组织与信息检索时所用的语言。在存储过程中,信息资源的内部特征(分类、主题)和外部特征(书名、刊名、题名、作者等)按照一定的语言习惯加以表达,检索文献的提问也按照一定的语言习惯来表达。为了使检索文献过程快速、准确,检索用户与系统需要统一的标识系统,这种在文献的存储和检索过程中,共同使用、共同理解的统一的标识,就是检索语言。

1.2.3.1 检索语言的作用

检索语言是沟通信息存储与信息检索两个过程的桥梁,在信息检索中起着极其重要的作用。在信息存储过程中,用它来描述信息的内容和外部特征,从而形成检索标识;在检索过程中,用它来描述检索提问,从而形成提问标识;当提问标识与检索标识完全匹配或部分匹配时,即为检索结果。检索语言有五个方面的作用。

(1)标引文献信息内容及其外表特征,保证不同标引人员表征文献的一致性。

(2)对内容相同及相关的文献信息加以集中或揭示其相关性。

(3)使文献信息的存储集中化、系统化、组织化,便于检索人员按照一定的排列次序进行有序检索。

(4)便于将标引用语和检索用语进行相符性比较,保证不同检索人员表述相同文献内容的一致性,以及检索人员与标引人员对相同文献内容表述的一致性。

(5)保证检索人员按不同需要检索文献时,都能获得最高查全率和查准率。

1.2.3.2 检索语言的类型

按照标识的性质与原理分类,检索语言主要有两大类:分类检索语言和主题检索语言。

1. 分类检索语言

分类检索语言是以学科为基础按类分等级编排的一种直接体现知识分类等级概念的标识语言,一般以数字、字母或字母与数字结合作为标识。著名的分类检索方法有《中国图书馆分类法》《杜威十进分类法》《美国国会图书馆图书分类法》《国际专利分类表》等。下面着重介绍两种分类检索语言。

1)《中国图书馆分类法》

《中国图书馆分类法》(简称《中图法》)是我国图书馆和情报单位普遍使用的一部综合性的分类法。《中图法》的类目体系是一个层层展开的分类系统,其基本大类以科学分类为基础,结合文献的需要,在五大类的基础上展开。《中图法》采用拉丁字母与阿拉伯数字相结合的混合编码制,依据学科将图书分成5个基本部类,22个基本大类,如表1-2所示。

表1-2 《中图法》基本部类、基本大类

5个基本部类	分 类 法	22个基本大类
马克思主义、列宁主义、毛泽东思想、邓小平理论	A	马克思主义、列宁主义、毛泽东思想、邓小平理论
哲学、宗教	B	哲学、宗教
社会科学	C	社会科学总论
	D	政治、法律
	E	军事
	F	经济
	G	文化、科学、教育、体育
	H	语言、文字
	I	文学
	J	艺术
	K	历史、地理
自然科学	N	自然科学总论
	O	数理科学和化学
	P	天文学、地球科学
	Q	生物科学
	R	医药、卫生
	S	农业科学
	T	工业技术
	U	交通运输
	V	航空、航天
	X	环境科学、安全科学
综合性图书	Z	综合性图书

在22个基本大类(一级类目)下,又根据各类目知识学科的性质,逐级划分下级类目,二级以下类目采用拉丁字母和数字混合编制,例如:

G 文化、科学、教育、体育(一级类目)

G4 教育(二级类目)

G42 教学理论（三级类目）
G423 课程论（四级类目）
G423.1 教学计划（五级类目）

由于工业技术内容丰富，T 类又分为 TB、TD 等 16 个类，如表 1-3 所示。

表 1-3 T 类细分

编码	类名称	编码	类名称
TB	一般工业技术	TL	原子能技术
TD	矿业工程	TM	电工技术
TE	石油、天然气工业	TN	无线电电子学、电信技术
TF	冶金工业	TP	自动化技术、计算机技术
TG	金属学与金属工艺	TQ	化学工业
TH	机械、仪表工艺	TS	轻工业、手工业
TJ	武器工业	TU	建筑科学
TK	能源与动力工程	TV	水利工程

TQ 又可进行细分，节选部分如下所示。

TQ　化学工业

　　TQ0　一般性问题

　　TQ11　基本无机化学工业

　　TQ2　基本有机化学工业

　　TQ31　高分子化合物工业（高聚物工业）

　　　　TQ311　基础理论

　　　　TQ314　原料与辅助材料

　　　　　　TQ314.1　天然高分子化合物

　　　　　　TQ314.2　合成高分子化合物

了解分类法的编制，有助于我们从科学的角度查询信息。在确定信息所属的主要和次要学科或专业的范围时，要将被确定的学科或专业范围在分类表中从大类到小类，从上位类到下位类，层层缩小查找范围，直到找出课题相关类目及分类号为止。

2)《国际专利分类表》

为便于检索专利，世界各国建立了各种各样的专利分类体系，如美国、日本、欧洲专利局均拥有自己的分类体系。国际专利分类（international patent classification，IPC）是目前国际上占主导作用的专利文献分类法，也是专利文献检索的字段之一。

国际专利分类体系由部、大类、小类、大组、小组五个部分组成,该体系把整个学科分为八个部,部的类号用字母 A～H 表示,如表1-4 所示。

表1-4　IPC分类表的八个部

类　号	部　名　称
A部	人类生活必需
B部	作业;运输
C部	化学;冶金
D部	纺织;造纸
E部	固定建筑物
F部	机械工程;照明;加热;武器;爆破
G部	物理
H部	电学

每个部又分为若干大类,每个大类又分为若干小类等,直到最细的复分类为止。下面介绍的是 A 部某一小组的细分。

A:部,人类生活必需。

A01:大类,农业;林业;畜牧业;打猎;诱捕;捕鱼。

A01B:小类,农业或林业的整地;一般的农业用机械或工具的部件、零件或附件。

A01B1/00:大组,手动工具。

A01B1/16:小组,除杂草根的工具。

2. 主题检索语言

主题检索语言是根据信息内容的主题特征来组织排列信息的语言。它以词语作为检索标识,按字顺排列。著名的主题检索语言有《汉语主题词表》、subject headings for engineering(简称 SHE,EI 数据库的配套词表)。

主题检索语言又可分为标题词检索语言、单元词检索语言、叙词检索语言和关键词检索语言等。

1)标题词检索语言

标题词检索语言是指采用规范化名词术语表示文献的内容概念,以事物或过程为中心,收集有关文献信息,按标题词的字母顺序编排和进行检索的一种检索语言。

2)单元词检索语言

单元词检索语言又叫元词检索语言,是以单元词作为文献内容的标识和检索依据的主题语言。所谓单元词,是指从自然语言中选取,经过规范化处理,具有独立概念的最基本的词汇单位,即在字面上不能再分的名词术语。

3)叙词检索语言

叙词检索语言又称主题词检索语言,是指以叙词(即主题词)作为文献内容的标识和检索依据的主题语言,是目前使用最广泛的主题语言。所谓叙词,是指从自然语言中优选出来并经过规范化处理的名词术语。叙词检索语言综合了多种检索语言的原理和方法,具有多种优越性,适用于计算机和手工检索系统,CA、EI等著名检索工具都采用了叙词检索语言进行编排。

4)关键词检索语言

关键词检索语言是指将文献原来所有的能描述其主题概念的那些关键性词语抽出,不加规范或做少量规范化处理,按字顺排列,以提供检索途径的主题检索语言。所谓关键词,是从文献内容,主要从文献篇名中直接选取的名词术语。

> **小贴士**
>
> 检索语言向着一体化的方向发展,即向分类主题一体化语言发展。分类主题一体化语言是指在一个检索语言系统中,对分类表部分和叙词表部分的术语、参照、标识及索引实施统一的控制,使两者有机地融合为一体,从而能够同时满足文献分类标引和主题标引的需要,发挥其最佳的整体效应的语言。

1.2.4 检索途径

1. 分类途径

分类途径是指按文献内容的学科分类体系查找文献的途径。在计算机检索系统中,把文献按分类聚类,通过层层点击进行检索,或者利用系统提供的分类号进行检索。

2. 主题词/关键词途径

主题词/关键词途径是指将表达文献主题内容的主题词或关键词作为标识查找文献的途径。计算机检索系统都提供主题词和关键词检索途径,输入某一主题词或关键词,可检索出文献标题、文摘或正文中包含该主题词或关键词的文献。

3. 题名途径

题名途径是根据文献的标题或名称,包括书名、刊名、篇名等来查找文献的途径。

4. 著者/作者途径

著者/作者途径是根据已知文献著(编、译)者的名称查找文献的途径。

5. 号码途径

号码途径是指根据代码,如标准号、专利号、ISSN等查找文献的途径。

6. 时间途径

时间途径是指以文献发表的时间范围查找文献的途径。

7. 代码途径

代码途径是指利用事物的某种代码编成的索引来查找文献的途径,如分子式等。

1.2.5 检索步骤

现代信息资源检索中,不同的数据库检索方法有着各自的特色,但就计算机检索而言,一般分为七个步骤:分析研究课题→选择检索系统/数据库→确定检索标识→编制检索提问式→确定检索途径→查找文献线索→获取原始文献。具体步骤如下。

(1) 分析课题的研究目的,明确检索要求,掌握与课题有关的基本知识、名词术语以及需要检索的文献范围(包括文献类型、所属学科、时间年代、语言种类等)。

(2) 根据课题分析所确定的学科范围和文献范围,选择合适的检索系统/数据库。

(3) 选择好检索系统/数据库后,根据不同检索系统/数据库的要求,利用主题词表、分类表、索引指南等进行标引,确定检索标识。

小贴士

第一次利用数据库进行检索时,常会将检索的课题全部输入检索框进行检索,结果漏检率很高,有时甚至查不到相关文献。因此,进行课题检索时,一定要对课题进行分析,确定检索标识(一般以关键词为主进行检索)。

(4) 检索提问式是信息检索中用来表达用户检索提问的逻辑表达式。一般一个课题需用多个检索词表达,并且将这些检索词用一定的方法确定关系,以完整表达一个统一的检索要求。常用的检索词间的关系采用逻辑运算符、位置运算符等方法表示。

(5) 检索途径的选择应从课题的已知条件和检索系统/数据库的结构等几个方面综合考虑,常用的检索途径有主题词/关键词途径、分类途径、著者/作者途径、代码途径和来源途径等。

(6) 按照确定的检索标识和检索途径,利用检索系统/数据库的检索界面,进行文献检索。在检索过程中,要根据查找的具体情况不断分析,调整检索标识和检索途径,直到满意为止。

(7) 对检索到的文献线索进行研究和筛选,如果检索系统/数据库提供了原始文献,可以直接根据链接找到原文(如全文型数据库);如果检索系统/数据库只提供了摘要,则可以根据文摘、题录等提供的文献来源,向文献收藏单位(或进行文献传递)获取原始文献(一般图书馆提供文献传递服务)。

> **小贴士**

　　文献传递是图书馆将用户所需的文献复制品以有效的方式和合理的费用,直接或间接传递给用户的一种非返还式的文献提供服务。一般情况下,图书馆工作人员根据读者的需求,通过传真、复印邮寄或 E-mail 电子文本等形式,向读者传递成员馆收藏的原始文献。

　　文献传递具有快速、高效、简便的特点。现代意义上的文献传递是在信息技术的支撑下从馆际互借发展而来,但又优于馆际互借的一种服务。通过开展文献传递服务,不仅缓解了图书馆经费、资源不足与读者日益增长的文献需求之间的矛盾,也对教学科研起到了很好的支撑作用。

1.2.6　检索技术

1.2.6.1　布尔逻辑检索

1. 逻辑"或"

　　逻辑"或"用"OR"或"+"表示。例如检索式"A OR B"或"A+B",表示在某个数据库中检索出含有检索词 A 或含有检索词 B 的文献,检索结果如图 1-2 所示。

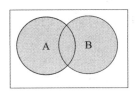

图 1-2　逻辑"或"检索结果图

　　功能:这是表示概念并列关系的一种组配,用来扩大检索范围,提高文献的检出数量,防止漏检,提高查全率。

　　举例:检索有关西红柿方面的文献。

　　检索式:A+B。

2. 逻辑"与"

　　逻辑"与"用"AND"或"*"表示。例如检索式"A AND B"或"A*B",表示在某个数据库中检索出既含有检索词 A 同时又含有检索词 B 的文献,检索结果如图 1-3 所示。

　　功能:这是表示概念交叉和限定关系的一种组配,用来缩小检索范围,提高检出文献与检索要求的相关性,提高查准率。

举例:检索有关牛奶的检测方面的文献。

检索式:A * B。

3. 逻辑"非"

逻辑"非"用"NOT"或"－"表示。例如检索式"A NOT B"或"A－B",表示在某个数据库中检索出含有检索词 A 但不含有检索词 B 的文献,检索结果如图 1-4 所示。

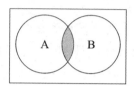 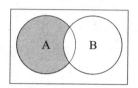

图 1-3　逻辑"与"检索结果图　　　图 1-4　逻辑"非"检索结果图

功能:这是具有不包含概念关系的一种组配,用来缩小检索范围,减少文献输出量,提高检索词的准确性。

举例:检索有关非原子核能源方面的英文文献。

检索式:A NOT B。

1.2.6.2　截词检索

截词检索是把检索词截断,取其中的一部分片段,再加上截词符一起构成检索式的方法,系统将按照词的片段与数据库里的索引词对比匹配,凡包含这些词的片段的文献均被检索出来。截词检索常用于检索词的单复数、词尾变化、词根相同的一类词、同一词的拼法变异等。

1. 功能

截词检索可以扩大检索范围,提高查全率和检索效率,主要用于西文数据库检索。

2. 截词符

不同的检索系统中使用不同的截词符,常见的截词符有"＊"和"?"两种。"＊"常用于无限截词,如 transplant＊,可以检索 transplante、transplantation、transplanting、transplantable 等所有含有"transplant"的词;"?"常用于有限截词,如 colo?r,wom?n 等,分别代表 colour 或者 color、woman 或者 women。

3. 截词检索类型

(1)截词检索根据截词的位置不同,分为前截断、后截断和中截断等三类。

前截断用于后方一致检索,截词符放在被截词的左边,可与后截断一同使用。例如输入 ＊magnetic,可检 electro-magnetic、electromagnetic、thermo-magnetic

等。目前这种检索技术已经极少应用。

后截断用于前方一致检索,截词符放在被截词的右边。后截断主要用于下列检索:词的单复数检索,如 company 与 companies;年代检索,如 199?(20 世纪 90 年代);词根检索,如 socio*,可以检索 sociobiology、socioecology、sociology 等 20 多个词汇。

中截断用于前后一致检索,把截词符放在词的中间。如 organi?ation,可检索 organisation、organization。这种方式查找英美不同拼法的概念最有效。

(2)截词检索根据截断的字符数量不同,分为有限截断和无限截断等两类。

有限截断限制被截断的字符数量。例如,输入 educat??,表示被截断的字符只有两个,可以检索 educator、educated 两个词。

无限截断不限制被截断的字符数量。例如,输入 educat?,可以检索 educator、educators、educated、educating、education、educational 等。

1.2.6.3 词间位置检索

布尔逻辑运算由于不能表示词与词之间的顺序关系,有时在概念上较难区分。要达到区分的目的,要采用词间位置算符才能达到。词间位置算符主要有以下几种。

1. (W)——with

表示该算符两边的检索词按顺序排列,不许颠倒,如:communication(W)satellite,只能检索出含有 communication satellite 的文献,而不能检索出含有 satellite communication 的文献。

2. (nW)——n words

表示该算符两边的检索词按顺序排列,不许颠倒,并且中间可间隔 n 个词($n=1,2,3,\cdots$),如 communication(1W)satellite 可以检索出含有 communication broadcasting satellite 的文献。

3. (N)——near

表示该算符两边的检索词顺序可以颠倒,如 communication(N)satellite,既能检索出含有 communication satellite 的文献,也能检索出含有 satellite communication 的文献。

4. (nN)——n near

表示该算符两边的检索词顺序可以颠倒,并且中间可存在 n 个词($n=1,2,3,\cdots$),如 communication(2N)satellite,既能检索出含有 communication bus for satellite 的文献,也能检索出含有 satellite sharing mobile communication 的文献。

5. (S)——subfield

表示该算符两侧的检索词必须同时出现在文献记录的同一子字段中(如篇名、

摘要中的一个句子等),词序任意,如 communication(S)satellite,可以检索出 constructing a new communication system by integrating the GSM to the satellites infrastructure 的文献。

上述词间位置算符按照限制程度由大到小的排序为:W → nW → N → nN → S。

1.2.6.4 字段限定检索

字段限定检索就是将检索词限定在某一字段(如题名、关键词、作者等)中,计算机只对限定字段进行运算,以提高检索效果的方法。常用的字段限定符号有"in""="等。字段限定检索分为后缀方式和前缀方式等两类。

后缀方式:将检索词放在后缀字段代码之前的方法,如 apple in AB、machine in TI 等。

前缀方式:将检索词放在前缀字段代码之后的方法,如 AU=WANG、PY>=1996 等。

字段限定检索一般出现在数据库的高级检索或专家检索中,如 Web of Science 数据库的高级检索就是利用"前缀方式"的字段限定检索。在利用字段限定检索时,要熟悉一些常见的字段代码,表 1-5 列出了一些常见的字段名称、字段代码和字段中文名称。

表 1-5 常见的字段名称、字段代码和字段中文名称

字 段 名 称	字 段 代 码	字段中文名称
title	TI	题名(篇名)
subject	SU	主题词
keyword	KW	关键词
author	AU	作者姓名
author affiliation	AF	作者机构
abstracts	AB	文摘内容
source	SO	文献来源
publication year	PY	出版年份
langue	LA	语种
address of author	AD	作者地址
accession number	AN	记录存储号
classification code	CL	分类号
coden	CN	期刊代码
ISSN	IS	国际标准连续出版物号

1.2.7 检索策略

检索策略是指在分析信息检索需求的基础上,选择适当的数据库并确定检索途径和检索词,确定各词之间的逻辑关系与检索步骤的一种计划或思路。它可以制订出检索表达式并在检索过程中修改和完善检索表达式。

从广义上讲,检索策略是指为实现检索目标而制订的全盘计划和方案;从狭义上讲,检索策略是指检索表达式。因此,检索表达式是检索策略的综合体现,通常由检索词和各种逻辑算符、词间位置算符及系统规定的其他连接符号构成。面对一个课题,不应该只从现成的课题名称中抽取检索词或词组,而应对课题名称进行分词、删除、替换、补充和组合,生成检索表达式,才能达到最佳检索效果。

1. 分词

分词就是对课题包含的词进行最小单元的分割,如对课题"超声波在污水处理中的应用研究"进行词的最小单元分割,为

　　超声波　在　污水　处理　中　的　应用　研究

注意:有的词若分割后将失去原来的意思,就不应分割,如"武汉大学",不可分割为"武汉"和"大学"。

2. 删除

对过分宽泛或过分具体的词、无实质意义的连词和虚词应予以删除,如上例中的"在""处理""中""的""应用""研究"等词应删除。

3. 替换

对表达不清晰或容易造成检索误差的词应予以替换。

4. 补充

补充是将课题筛选出的词进行同义词、近义词、隐含词的扩充。补充这些词可避免检索过程中的许多漏检情况,如上例中的"污水"还有一个常用的同义词"废水",这里补充"废水"后可能会准确一些。

5. 组合

把检索词用逻辑算符、词间位置算符、截词符等连接组合成检索表达式,如上例中课题的检索策略可以表示为

　　超声波 AND(污水 OR 废水)

6. 调整

按上述组合进行初步检索,再根据检索结果来调整检索词和检索字段,以达到最佳效果。

> 小贴士

　　检索策略是整个检索过程的灵魂,直接影响检索效果的优劣。好的检索策略往往不能一蹴而就,而是根据检索结果的数量及对结果相关性的判断不断调整检索字段、修改检索词、完善检索表达式等得到的。"变"是检索策略的永恒主题,需要经过"检索→阅读→策略调整→再检索……"的过程,随着对课题越来越深入的了解,不断调整,不断完善。

> 视野扩展

具有敏锐的信息洞察力,就能捕捉到商机

　　2001年9月14日,四川新力光源股份有限公司董事长张明跟往常一样翻看网页新闻,猛然间,一篇报道吸引了他的目光。这篇报道说,在美国"9·11"恐怖袭击事件发生以后,在断电、浓烟的情况下,世贸大厦里至少有1.8万人安全疏散。他们是顺着楼梯和扶手上依稀闪现出的发光条纹摸到了安全通道,进而逃生的。而这种发光条纹是由产自中国的稀土发光粉反射出来的!

　　张明一下从椅子上站起来,拍着桌子说:"啊!我们终于有机会了,能够把发光材料推向市场的绝好机会终于出现了。"那篇报道让张明信心倍增,强烈感受到了这则消息所透露出来的财富气味。正如张明所期待的,"9·11"恐怖袭击事件后,越来越多的人知道有种自发光的指示牌能救人命。张明的产品推销猛然间变得比以前容易多了。首先是成都的大街小巷、居民住宅用上了他的标牌,紧接着酒店、剧院、消防部门也纷纷采用。

　　2003年年初,张明了解到一个新的信息:深圳地铁一期工程要进行导向标志系统国际招标!张明觉得这可是一个展示企业实力的绝好机会。经过9个多月精心的设计,张明公司开发的新型地铁逃生系统在与众多国内外高手比拼时,一举夺标,中标总价为三千多万元人民币。张明的胜出使全球第一次大规模地在地铁工程上应用稀土发光材料,同时也是国内第一次将这一高新基础材料应用于地铁工程,被业内人士美誉为"中国第一标"!与传统的逃生系统相比,张明公司打造的新型地铁逃生系统明显技高一等。

　　传统的疏散系统在安装的时候要铺设大量的电缆,施工起来非常复杂、麻烦。这套发光系统在安装的时候,只需要把标识牌镶嵌在地面上,不需要铺设电缆,施工非常方便。

　　此后,新力之光闪现在越来越多的地方:北京地铁、天津地铁、重庆轻轨,乃至巴塞罗那地铁、莫斯科地铁都已相继采用了新力的稀土发光安全逃生系统。张明公司的产品性能越来越好,用途也越来越广泛。

思考题

1. 信息资源按出版形式可划分为哪几类？
2. 简述一次文献、二次文献、三次文献及它们之间的相互关系。
3. 主题语言又细分为哪些类型？
4. 简述主题语言和分类语言的区别。
5. 简述现代信息资源的检索意义。
6. 简述现代信息资源的检索原理。
7. 简述现代信息资源检索途径主要有哪些。
8. 简述现代信息资源的检索技术包括哪些内容。
9. 已知《中国图书馆分类法》分类号，请给出所属主题类目：
H319.4；I246.5；R511；TP393；X79
10. 根据下列主题类目，请给出《中国图书馆分类法》规定的分类号：
针灸疗法；机械制造工艺；移动通信；合成树脂及塑料

第 2 章　中文数据库检索

随着信息资源电子化的发展,中文信息资源数据库的发展也越来越快。目前,比较有代表性的三大中文数据库有中国知网、维普资讯和万方数据,本章将主要介绍介绍中国知网和维普资讯这两大中文数据库及其检索方法。

2.1　中国知网及其检索

2.1.1　概述

中国知网是中国知识基础设施工程(China National Knowledge Infrastructure,简称CNKI)的资源系统,CNKI 于 1999 年 6 月由清华大学、清华同方始建,经过多年努力,建成了全文信息量规模较大的"CNKI数字图书馆",并建设了中国知识资源总库及CNKI网格资源共享平台,为全社会知识资源高效共享提供丰富的知识信息资源和有效的知识传播与数字化学习平台。中国知网(以下简称CNKI数据库)是一个大型动态知识库、知识服务平台和数字化学习平台,总库主要包括以下数据库。

(1)中国期刊全文数据库;
(2)中国优秀博硕士学位论文;
(3)中国重要会议论文全文数据库;
(4)中国重要报纸全文数据库;
(5)中国引文数据库;
(6)中国年鉴全文数据库;
(7)中国专利数据库;
(8)中国标准数据库。

通过跨库检索和知网节功能,CNKI数据库为读者提供一站式的文献检索与信息获取服务。读者利用CNKI数据库可进行多维度的学习、研究和分析,提高文献或信息的获取效率,助力科研教学。

2.1.2 检索方法

CNKI 数据库提供了三种检索入口、三种检索方式,并具有对检索结果进行分组排序、查看原文和知网节等功能。CNKI 数据库首页如图 2-1 所示。

图 2-1　CNKI 数据库首页

1. 检索入口

CNKI 数据库首页提供了三种检索入口,即文献检索、知识元检索和引文检索。

(1)文献检索。文献检索默认以学术期刊、学位论文、会议及报纸等数据库为基本检索范围,读者可以依据自己的要求,扩大或缩小数据库资源的范围,进行适当的跨库检索。对于图书、古籍、法律法规、政府文件、企业标准、科技报告、政府采购等资源采用的是单库检索的方式。

(2)知识元检索。对文章段落中的中心思想词语标引后,可以通过知识元检索获得文献中心部分段落章节的内容,进行快速学习。知识元检索的范围是知识问答以及百科全书、词典、手册等工具书。中国工具书网络出版总库内容涵盖哲学、文学艺术、社会科学、文化教育、自然科学、工程技术、医学等各个领域。除此之外,还有学术图片库、中国经济社会大数据研究平台面向细分领域的问题方法知识元库和概念知识元库等,这些资源可以成为研究、学习的辅助工具。

(3)引文检索。通过引文检索可以揭示各类型文献之间的相互引证关系,提供客观、准确、完整的引文索引数据,不仅可以为科学研究提供新的交流模式,而且可以作为一种有效的科研管理及统计分析工具。

2. 检索方式

CNKI 数据库首页提供了一框式检索、高级检索和出版物检索三种检索方式。

(1)一框式检索。一框式检索包含文献检索、知识元检索和引文检索三个入口。三个检索入口均提供了类似搜索引擎的检索方式,用户只需要输入检索词,点击"检索"就可查到相关的文献。

(2)高级检索。高级检索为用户提供更灵活、方便地构造检索式的检索方式。在高级检索界面,通过"+""-"来增加或减少检索条件,同时利用检索词的逻辑关系(并且、或者、含)确定检索式。除此之外,读者可以选择作者、作者单位、文献发表时间、文献来源和支持基金来缩小检索范围,精确定位,如图2-2所示。

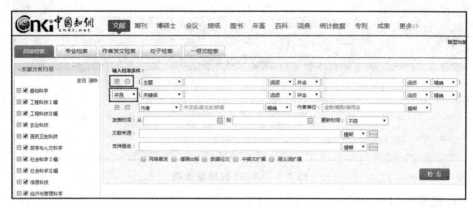

图2-2　高级检索方式

(3)出版物检索。出版物检索导航系统主要包括出版来源、期刊、学位辑刊、学位授予单位、会议、报纸、年鉴和工具书等导航系统,在这里可以查找到中国知网具体收录了哪些期刊、报纸、学位论文等,如图2-3所示。

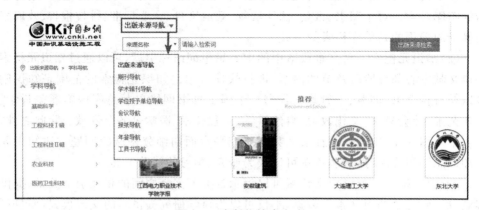

图2-3　出版物检索方式

3.检索结果

检索结果界面将通过检索平台检索得到的检索结果,以列表形式展示出来。

可以对检索结果进行分组分析和排序分析,进行反复的精确筛选,得到最终的检索结果,如图 2-4 所示。

图 2-4 检索结果界面

(1)检索结果分组。中文文献检索结果分组类型包括:主题、发表年度、研究层次、作者、机构、基金。

(2)检索结果排序。除了分组筛选,CNKI 数据库还为检索结果提供了相关度排序以及发表时间排序、被引频次排序、下载频次排序等评价性排序。

相关度排序:综合检索词的发表时间、下载频次及被引频次等计量指标,利用知网特有算法得出数值,按照数值的高低变化进行排序,按照降序排列排在前面的文章与检索词的关联度更高,同时文章的关注度也更高。

发表时间排序:根据文献发表的时间先后排序。按发表时间排序可以帮助读者按照文献发表时间进行筛选,找到最新出版的文献,实现学术发展跟踪,进行文献的系统调研。

被引频次排序:根据文献被引用次数进行排序。按被引频次排序可以帮助读者选出被学术同行引用较多的优秀文献。

下载频次排序:根据文献被下载次数进行排序。下载频次最多的文献往往是传播较广、较受欢迎、文献价值较高的文献。此外,按下载频次排序可以帮助读者找到那些高质量但未被注意到的文献类型,比如学位论文等。

(3)文献导出。通过"导出/参考文献"功能,可以按 NoteExpress、EndNote 等格式导出文献,实现文献批量下载、阅读、管理、辅助论文写作等功能,如图 2-5 所示。

4. 文献阅读

点击目标篇名,读者可获取文献摘要信息,如期刊、作者、机构、基金、摘要、关键词、分类号等。期刊、报纸、年鉴等资源提供 HTML 阅读、CAJ 下载和 PDF 下

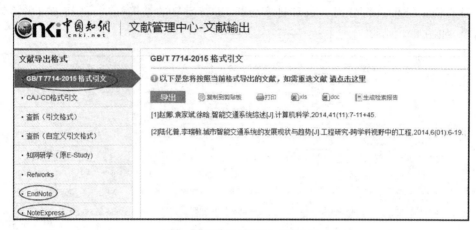

图 2-5 "导出/参考文献"功能

载三种阅读方式,博硕士学位论文提供整本下载、分页下载、分章下载三种阅读方式服务读者。期刊文献的摘要信息和阅读方式如图 2-6 所示。

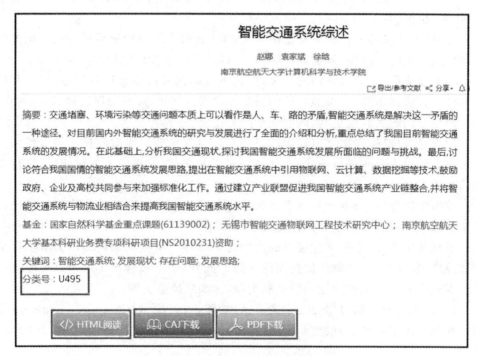

图 2-6 期刊文献的摘要信息和阅读方式

5. 知网节功能

知网节功能是由 CNKI 独创的以揭示不同文献或知识之间的关联关系为目标

的、以某篇文献或者某个知识点为中心的知识网络。在检索结果中点击文献篇名进入文献知网节界面。CNKI知网节提供了单篇文献的详细信息和扩展信息,这些信息体现出知识之间的关联关系,起到了知识扩展的作用,有助于读者追溯研究源、追寻研究去向,以及发现新内容、新视角、新领域、新观点、新思想、新问题等,帮助读者实现知识获取、知识发现。知网节信息包括:

节点文献题录摘要:篇名、作者、机构、关键词、摘要、刊期等信息及链接。

参考文献链接:反映本文献研究工作的背景和依据。

引证文献链接:链接引用本文献的文献。引证文献体现了对本文献研究工作的继续、应用、发展或评价。

共引文献链接:链接与本文献有相同参考文献的文献,共引文献与本文献有共同的研究背景或依据。

相关文献作者链接:链接以上相关文献作者在总库中的其他文献。

同被引文献链接:链接与本文献同时被作为参考文献引用的文献。

知识元链接:从文献中的名词概念、方法、事实、数据等知识元,链接到知识元的解释和出处文献。知网节部分信息如图2-7所示。

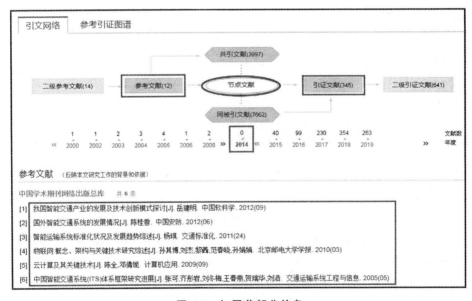

图2-7　知网节部分信息

> **小贴士**
>
> 在网站https://www.cnki.net上可以检索CNKI数据库,如果不在指定的IP范围,或者没有账号和密码,检索后只能看到摘要,看不到全文。

2.1.3 检索案例

例 有一位法商学院的学生,想利用中国知网下载有关"网络商城营销策略创新研究"的期刊文献。

中国知网检索

检索步骤如下:

(1)分析课题,找出检索词,课题中核心词有"网络商城"和"营销策略",而"创新研究"是常用词,一般不作为检索词。另外,检索时还要找出核心词的同义词、近义词等相关词,以免漏检。"网络商城"的相关词有"网上商城""虚拟商城""网上商店",尽量找全。

点击CNKI数据库首页"高级检索",再点击"期刊"图标,即进入期刊的高级检索界面。

(2)先选择检索字段,再输入检索词,并根据需要选择相应的布尔逻辑关系,如图2-8所示。

图2-8　CNKI期刊检索界面

(3)点击"检索"按钮,就可以检索到相关文献。点击文献篇名,如"网络消费行为影响因素与网上商店营销策略研究",就可以得到文摘信息及"参考文献""共引文献""相似文献"等知网节信息,这些知网节信息有助于读者追溯研究源、追寻研究方向、发现新内容等。点击"CAJ下载"或"PDF下载",即可看到文献全文。检索结果如图2-9和图2-10所示。

这里推荐读者使用由CNKI自主研发的文献浏览器——CAJViewer浏览器。CAJViewer浏览器不仅可以帮助读者方便快捷地编辑文章,实现文本选择、文本复制、工具书链接、图片选择、文字识别等功能,而且可以查看编辑PDF格式的文

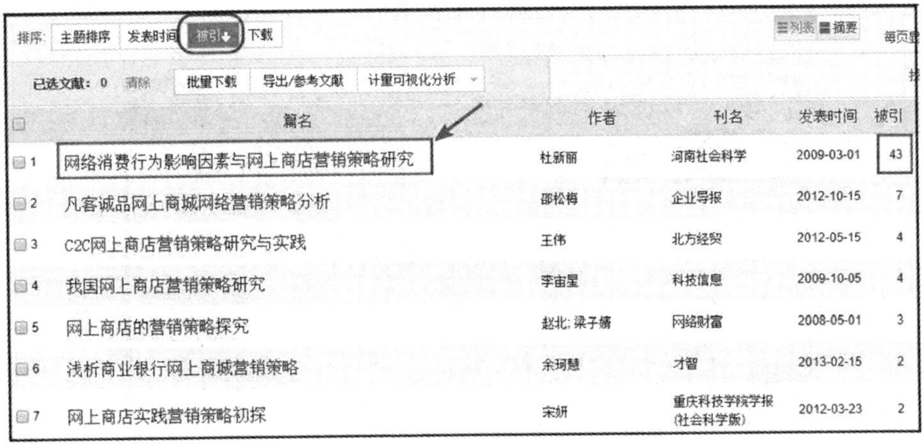

图 2-9 检索结果(1)

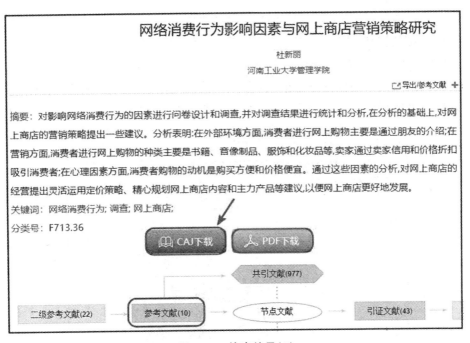

图 2-10 检索结果(2)

章。在此列举 CAJViewer 浏览器几个常用的功能。

(1)文本选择功能。

在图 2-11 中,点击文本选择工具" T "按钮,即切换到选择文本功能,选中需要的文字,点击右键,在菜单中选择"复制",即可进行复制操作;选择"选择区域发送至 Word",在弹出的对话框中,选择需要发送的位置即可。

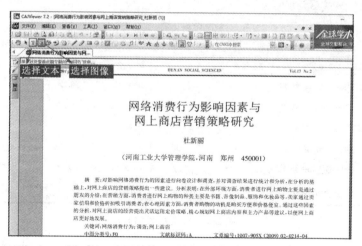

图 2-11　CAJ 文本格式

(2)图像选择功能。

如果需要选择文献中的图像、表格等,可以先点击图像选择工具" ",进入选择图像功能,对需要的图像进行框选,点击右键,能将该区域以图片形式复制和保存,并能将该区域的文字识别出来,如图 2-12 所示。

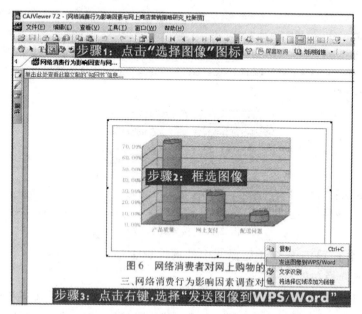

图 2-12　CAJViewer 浏览器图像选择功能的实现

CAJViewer 浏览器还有文章导航定位、文本标记等功能。登录网站 https://www.cnki.net/，在网站下端，点击"CAJViewer 浏览器"，如图 2-13 所示，可下载 CAJViewer 浏览器。

图 2-13　CAJViewer 浏览器下载

2.2　维普资讯及其检索

2.2.1　概述

维普资讯是由重庆维普资讯有限公司研制开发的信息资源。其中，中文科技期刊数据库是重庆维普资讯有限公司研发的核心产品，共收录了 1989 年以来国内 12 000 余种期刊，核心期刊近 2 000 种，基本覆盖了国内公开出版的具有学术价值的期刊。

2.2.2　检索方法

维普资讯中文期刊服务平台 7.0 是以中文期刊资源保障为基础，以数据整理、信息挖掘、情报分析为路径，以数据对象化为核心，面向知识服务与应用的一体化服务平台。它在保障中文期刊资源检索及原文服务的基础上，重点强调了基于期刊资源知识本体对象的挖掘、分析和呈现，是提供期刊资源服务和知识情报服务的一体化服务平台。

维普资讯提供了基本检索、高级检索、期刊导航、学科导航、地区导航、期刊评价报告等功能，如图 2-14 所示。

1. 基本检索

在平台首页的检索框直接输入检索条件进行检索，该检索条件可以是题名、刊名、关键词、作者名、机构名、基金名等字段信息。

图 2-14　维普资讯中文期刊服务平台 7.0 首页

2. 高级检索

高级检索提供向导式和检索式两种检索方式,运用逻辑组配关系,方便读者查找多个检索条件限制下的文献。

3. 期刊导航

期刊导航分为期刊检索查找、期刊导航浏览两种方式。如果读者已经有明确的期刊查找对象,建议读者用期刊检索查找的方式快速定位到该刊;如果读者没有明确的期刊查找对象,建议读者用期刊导航浏览的方式自由浏览期刊。平台支持的检索入口有"刊名""ISSN""CN""主办单位""主编""邮发代号",方便读者按需切换。

4. 学科导航

读者可以通过切换学科类别的方式查看对应期刊的文献信息。

5. 地区导航

读者可以通过点击地区标签或者在平面地图上直接定位的方式查看对应期刊的文献信息。

6. 期刊评价报告

读者可以通过点击期刊评价报告,查看期刊的影响因子、立即指数、被引半衰期、期刊他引率、平均引文率等信息。

7. 对象导航

读者可以通过"学科""地区""期刊""主题""作者""机构""基金"等对象导航方

式查看期刊的文献信息。

平台采用了先进的大数据构架与云端服务模式,通过准确、完整的数据索引和数据对象,着力为读者及服务机构营造良好的使用环境、带来良好的使用体验。平台各功能模块如表2-1所示。

表2-1 维普资讯中文期刊服务平台7.0各功能模块

功能模块	中文期刊服务平台7.0版本
期刊导航	期刊学科分类导航、7类体系的核心期刊导航、国外数据库收录导航、期刊地区分布导航
检索方式	文献检索、期刊检索、主题检索、作者检索、机构检索、基金检索、学科检索、地区检索以及基于这8个维度的综合检索
检索入口	题名或关键词、任意字段、题名、关键词、文摘、作者、第一作者、机构、刊名、分类号、参考文献、作者简介、基金资助、栏目信息
检索组配	提供文献检索结果的分面聚类功能,用户可在任意检索条件下对检索结果进行再次组配,不再受逻辑组配次数的限制
对象聚类	支持期刊收录、学科、主题、机构、作者、期刊、年份、被引范围的多类别层叠筛选,实现在任意检索条件下对检索结果进行再次组配
文献筛选	按相关度排序、按被引量排序、按时效性排序、按时间筛选(一个月内、三个月内、半年内、一年内、当年内)
浏览视图	文摘列表视图、标题列表视图、详细列表视图
检索结果分析	检索对象的发文被引图谱分析、检索对象计量评价报告生成
智能检索	查询主题的智能预测与主题词扩展
全文保障	全文下载、原文传递、OA期刊原文链接
导出字段	题名、作者、刊名、机构、文摘、ISSN、CN号、页码、关键词、分类号、网址
相关资源	当前界面展示相关主题、相关作者、相关机构
在线阅读	可以在线阅读,无须安装PDF浏览器也能查看文章全文。新增"放大镜"阅读预览体验,在文献列表页即可实现全文预览

2.2.3 检索案例

例 2016年8月16日中国率先发射了量子通信卫星,实现了量子通信技术领域的一大飞跃。这颗卫星将把量子实验搬上太空,并将为建立一个全球量子通信网络奠定基础。以"量子通信"为检索词,在维普数据库,比较"文摘"、"关键词"和"题名"三种不同检索字段的检索结果。

维普数据库检索

检索步骤如下:

在检索项里选择检索字段为"文摘",在输入框中输入"量子通信",如图2-15所示。

图2-15 检索输入方法

点击"检索"按钮就可以检索到相关的文献,共查到1766篇文献(2018年5月14日检索),如图2-16所示。

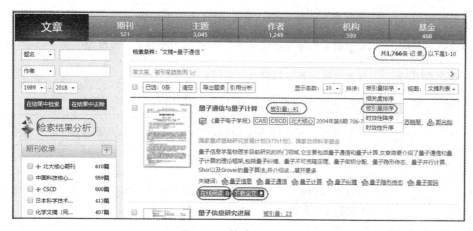

图2-16 检索结果(3)

点击“在线阅读”，可以即时阅读全文，如图 2-17 所示。

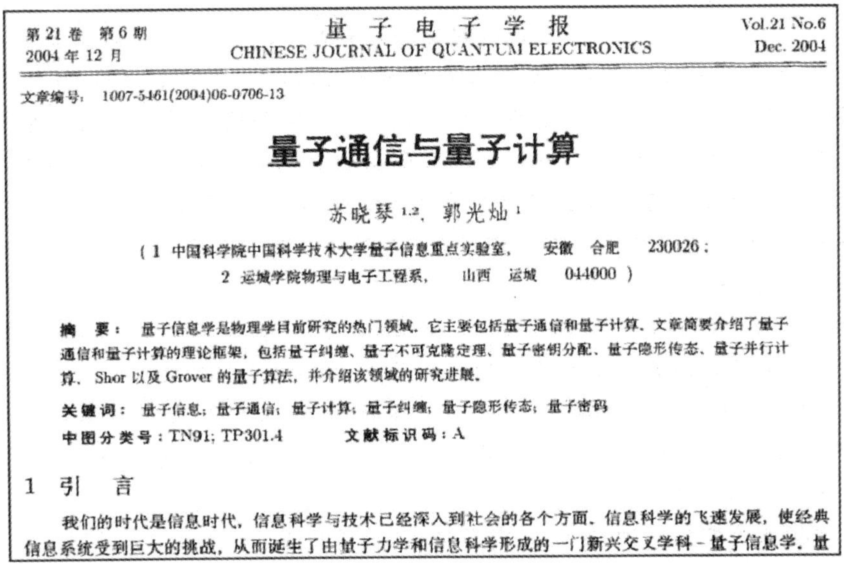
第 21 卷　第 6 期
2004 年 12 月

量 子 电 子 学 报
CHINESE JOURNAL OF QUANTUM ELECTRONICS

Vol.21 No.6
Dec. 2004

文章编号：1007-5461(2004)06-0706-13

量子通信与量子计算

苏晓琴[1,2]，郭光灿[1]

（1 中国科学院中国科学技术大学量子信息重点实验室，　安徽　合肥　230026；
2 运城学院物理与电子工程系，　山西　运城　044000）

摘　要：量子信息学是物理学目前研究的热门领域，它主要包括量子通信和量子计算。文章简要介绍了量子通信和量子计算的理论框架，包括量子纠缠、量子不可克隆定理、量子密钥分配、量子隐形传态、量子并行计算、Shor 以及 Grover 的量子算法，并介绍该领域的研究进展。

关键词：量子信息；量子通信；量子计算；量子纠缠；量子隐形传态；量子密码

中图分类号：TN91; TP301.4　　　文献标识码：A

1　引　言

我们的时代是信息时代，信息科学与技术已经深入到社会的各个方面。信息科学的飞速发展，使经典信息系统受到巨大的挑战，从而诞生了由量子力学和信息科学形成的一门新兴交叉学科－量子信息学。量

图 2-17　在线阅读

接着以“关键词”为检索途径，共查到 1 394 篇文献；以“题名”为检索途径，共查到 799 篇文献。三种检索途径检索结果如表 2-2 所示。

表 2-2　三种检索途径检索结果

检 索 字 段	以“量子通信”为检索词查到的文献篇数/篇
文摘	1 766
关键词	1 394
题名	799

检索字段不一样，读者获得的检索结果就会不一样。读者可以利用不同的检索字段，筛选所需要的文章。一般来说，全文的检索范围最大，即在全文中查找所输入的检索词，只要全文某一个地方出现了该检索词，该文章就被检索出来了，但很多被检索出来的文章与检索词的相关度和参考价值不高。同理，文摘检索是指在所有的文章摘要中进行匹配，题名检索是指在所有的文章题名中进行匹配，关键词检索是指在文章提供的所有的关键词中进行匹配。一般在选择检索途径时，首选应该是题名检索或关键词检索，如果检索结果不多，可以扩展到文摘检索，甚至全文检索。

> 视野扩展

什么是核心期刊？

1931年著名文献学家布拉德福首先揭示了文献集中与分散规律，发现某时期某学科1/3的论文刊登在3.2%的期刊上；1967年联合国教科文组织研究了二次文献在期刊上的分布，发现75%的文献出现在10%的期刊中；1971年，SCI的创始人加菲尔德统计了参考文献在期刊上的分布情况，发现24%的引文出现在1.25%的期刊上，等等。这些研究都表明期刊存在"核心效应"，从而衍生了"核心期刊"的概念。

核心期刊是期刊中学术水平较高的刊物，是我国学术评价体系的一个重要组成部分。它主要体现在学术水平的确认方面。如在相当一批教学科研单位申请高级职称、取得博士论文答辩资格、申报科研项目、科研机构或高等院校学术水平评估、教师和工作人员完成工作量等，前提条件之一就是在一定时间段内，在核心期刊上发表若干篇论文。

目前国内有7大核心期刊（或来源期刊）遴选体系：

1. 北京大学图书馆"中文核心期刊"；
2. 南京大学"中文社会科学引文索引(CSSCI)来源期刊"；
3. 中国科学技术信息研究所"中国科技论文统计源期刊"；
4. 中国社会科学院文献信息中心"中国人文社会科学核心期刊"；
5. 中国科学院文献情报中心"中国科学引文数据库(CSCD)来源期刊"；
6. 中国人文社会科学学报学会"中国人文社科学报核心期刊"；
7. 北京万方数据股份有限公司"中国核心期刊遴选数据库"。

表2-3所示是《中文核心期刊要目总览(北大2008版)》药学类的核心期刊（节选）。

表2-3 《中文核心期刊要目总览(北大2008版)》药学类的核心期刊(节选)

刊　名	类　别	中国图书分类号
药学学报	药学	R9
中国药学杂志	药学	R9
中国药理学通报	药学	R9
药物分析杂志	药学	R9
中国新药杂志	药学	R9
中国新药与临床杂志	药学	R9

续表

刊　名	类　别	中国图书分类号
中国医院药学杂志	药学	R9
中国医药工业杂志	药学	R9
中国药科大学学报	药学	R9
中国抗生素杂志	药学	R9
沈阳药科大学学报	药学	R9
中国药理学与毒理学杂志	药学	R9
中国临床药理学杂志	药学	R9
中国药房	药学	R9
中国生化药物杂志	药学	R9
中国现代应用药学	药学	R9
华西药学杂志	药学	R9

思考题

1. 目前"智能"是热门话题，如智能手机、智能机器人、智能交通等，利用中国知网，以"智能传感器"作为关键词，查询2009—2018年间，发表的文献有多少篇、在这一方面研究较多的机构及科研人员，并分析这十年间被引频次最多的有影响力的学术论文，写出该论文的中文篇名、作者姓名、作者机构、被引频次等信息。

2. 利用中国知网，检索在2000—2016年发表在期刊上，有关"运用PS进行抠图方法"方面的论文有多少篇。找其中一篇文献，指出该论文的中文篇名、作者姓名、期刊名称、年、期及被引频次、参考文献数目。

3. 利用中国知网，查找期刊《化学进展》的主办单位、ISSN及期刊作者投稿系统链接地址。

4. 利用维普资讯，查找武汉工程大学王存文教授以第一作者的身份在2010—2016年发表的期刊论文有多少篇，写出其中一篇论文的中文篇名、刊期名称、发表年和期，并利用"期刊导航"功能，检索该期刊的主办单位和ISSN。

5. 利用维普资讯，查找"有关乳制品中三聚氰胺的检测方法"的一篇文献，要求写出英文篇名、作者、刊名、年、卷、期及参考文献。

第 3 章 外文摘要型数据库及其检索

摘要型数据库将描述文献(图书、期刊、专利、会议文献等)外部特征和内部特征的信息(如书名、刊名、作者、关键词、摘要等)提取出来,利用数据库技术,按照一定的原则和方法,将上述信息进行组织编排,提供尽可能多的检索途径,方便读者在海量的信息集合中快速、准确地查询有价值的参考文献。该类型数据库只提供摘要、索引等信息,不提供全文。本章将介绍 SciFinder Web(美国化学文摘社网络版)、SCI(科学引文索引数据库)和 EI Village(工程索引数据库)三种外文摘要型数据库及其检索。

3.1 SciFinder Web 数据库及其检索

3.1.1 概述

美国化学文摘社(Chemical Abstracts Service,CAS)自 1907 年成立以来,分别开发了印刷版(Chemical Abstracts,CA)、光盘版(CA on CD)、网络版(SciFinder Web)等化学文摘产品,其网络版检索系统是专门提供给学术研究机构使用的桌面检索平台。

SciFinder Web 数据库是目前世界上最大的化学化工资料库之一,能回溯检索到 1907 年的化学化工文献,并提供了丰富的检索途径、独特的结构式检索、检索结果的分析功能等,为检索者提供了丰富的检索信息,是化学化工研究人员进行文献检索的必备工具之一。

> **小贴士**
>
> SciFinder Web 数据库在国内没有镜像站点,检索时直接与美国的服务器相连。CAS 对购买该数据库的单位有用户数的限制,一般是两个或五个,即在本单位已经有两个或五个用户同时使用该数据库时,本单位其他用户不能再同时使用。

3.1.2 检索方法

3.1.2.1 检索入口

SciFinder Web 数据库提供层级式菜单检索,即通过一层一层点开菜单,选择相应的检索入口和检索点进行检索。SciFinder Web 数据库首页提供了三个检索入口,即"Explore References"、"Explore Substances"和"Explore Reactions",如图 3-1 所示,系统默认的检索入口是"Explore References"。

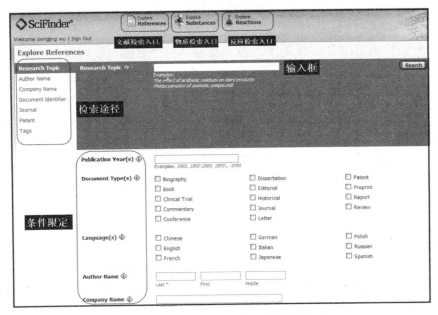

图 3-1 SciFinder Web 数据库检索入口

1. "Explore References"

"Explore References"(文献检索)提供了"Research Topic"(研究主题)、"Author Name"(作者姓名)、"Company Name"(公司名称)、"Journal"(期刊)、"Patent"(专利)、"Tags"(标记)等的检索。

(1) "Research Topic"检索。

进行研究主题检索时,以输入 2~3 个关键词为最佳,最多不超过 5 个关键词。系统支持自然语言检索,不支持布尔逻辑运算符"AND""OR"。对于输入的检索词,系统自动进行截词运算。系统建议在词之间的合适位置使用介词,包括"of""after""at""between""from""in""on""with"等。系统能识别常用的缩写、单复数及过去式等,能自动使用同义词、近义词检索,有截词、断词等功能。如我们在输入

"cancer"（癌）后,SciFinder Web 数据库在它的同义词词典中找到"sarcoma"（恶性毒瘤）、"carcinoma"（癌）等同义词,并把它们增加为检索词。

(2)"Author Name"检索。

进行作者姓名检索时,输入所知道的尽可能多的人名信息;输入手写时应该写的空格、连接符和省略符;用等同字符来替换特殊的字符;勾选"Look for alternative spellings of the last name"以克服由于名字的变更或者排版问题而导致的差异;对于复杂的人名,尝试不同的检索后,确定哪个会有最好的结果;当不知道哪个是姓,哪个是名时,建议两种可能都尝试一下。

(3)"Company Name"检索。

进行公司或组织名称检索时,一次只能输入一个名称;系统自动考虑了不同的拼写、首字母缩写、缩写,以及有关的词条,但是并不考虑合并和收购,例如输入"Company"和"Co",得到的结果一致。

(4)"Journal"检索。

进行期刊检索时,有"Journal Name"（期刊名）、"Title Word(s)"（题目）、"Author Name"（作者）三项,三者必须至少填写一项。期刊名可以是全名、缩写或首字母缩写。"Publication Year(s)"可以是单一年份或年限范围,如 2005、2000－2005、2000－或－2005。

(5)"Patent"检索。

进行专利检索时,有"Patent Number"（专利号）、"Assignee Name"（专利授予人）、"Inventor Name"（专利发明人）三项,三者必须至少填写一项,年代可选填。专利授予人可以是公司全名或公司名称简写;专利发明人可以是姓以及名,或仅仅写姓。

2. "Explore Substances"

"Explore Substances"（物质检索）提供了"Chemical Structure"（化学结构式）、"Markush"（马库西）、"Molecular Formula"（分子式）、"Property"（性质）、"Substance Identifier"（物质识别）的检索,如图 3-2 所示。

(1)"Chemical Structure"检索。

"Chemical Structure"检索提供了精确结构检索、亚结构检索及相似结构检索。使用 SciFinder Web 数据库的结构画图工具,可以通过结构来查询特定的物质,或者进行与此结构匹配的一系列物质的精确检索。在通过结构式进行检索时,根据结构式对化学物质可进行"Exact Search"（精确结构检索）、"Substructure Search"（亚结构检索）、"Similarity Search"（相似结构检索）,并且可以从副作用（包括毒性）、分析研究、生物学研究、组合研究、晶体结构、形成（非制备）、多样性、

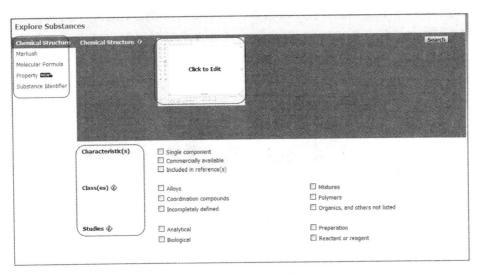

图 3-2 "Explore Substances"检索界面

加工、制备、特性、反应物、产品、试剂、光谱特性以及用途等方面进行限定。

(2)"Molecular Formula"检索。

进行分子式检索时,注意对分子式的书写有一定的要求:分子式输入区分大小写;分子式书写遵循"Hill"法,即 C 排第一,H 排第二,其他按照字母顺序排列;盐的分子式遵循酸在前、碱在后的规则,并以"·"将酸碱部分连接起来,如"H3O4P·3Na";聚合物则输入单体组成以括号加 X,如"(C2H4)X"。

(3)"Substance Identifier"检索。

进行物质识别检索时,这里可以通过输入物质的名称、CA 号、俗名、商品名、来进行检索,不换行一次最多可以输入 25 个物质。检索后,能找到并确认化合物的名称、CAS 登记号、分子式或者物质的其他信息,获取计算和实验性质,获取商业品来源信息,获取管制品信息,获取涉及这个物质的文章和专利等内容。

对于一种化学物质,常见的表达方式有化学名、通用名、同义名、商品名、物质代码、分子式、结构式等。CAS 给每个纯的化学物质赋予了唯一的登记号,即化学物质登记号。用化学物质登记号检索精确度非常高,可以避免同一种物质存在多种名称表达的现象,所以化学物质登记号是涉及物质检索时首先应想到的检索字段。

(4)"Markush"检索。

"Markush"检索能帮助我们做初步的专利评估。

3. "Explore Reactions"

"Explore Reactions"提供了"Reaction Structure"(反应结构)检索。检索者可

以通过结构或者官能团来查找反应信息,如:定义每一物质在反应中的角色;可以使用亚结构检索的全部功能;可以允许或者禁止进行附属取代或者环系变换等。"Explore Reactions"检索界面如图 3-3 所示。

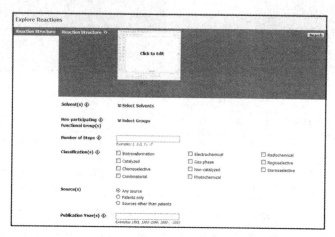

图 3-3 "Explore Reactions"检索界面

小贴士

1965 年,CAS 针对化学物质一物多名的问题,建立了庞大的 CAS 化学物质登记系统(registry system)。该系统利用化学物质结构图正确一致的特点,对其分子结构图进行算术运算,并经一系列差错检测后,对化合物实现一物一名,生成独一无二的 CAS 化学物质登记号 RN(registry number)。CAS 将收录的文献中有一定结构、化学键性质已确定的化学物质登记下来,给予一个号码,这个号码就称为登记号。一个特定的化学物质对应一个登记号,一个登记号只对应唯一的化学物质。登记号由三段构成:首段 1～6 位,中段 2 位,末段 1 位。如:1-溴-4-乙基苯在 CA 数据库中的英文名称是 Benzene,1-bromo-4-ethyl,分子式是 C_8H_9Br,登记号为[1585-07-5]。

在化学文献中出现的化学物质名称,往往是它的标引名(或称索引名),或是它的俗名、商品名等同义名,而 CA 数据库中唯一能代表这些同义名的只有与之对应的 RN。由此可见,在检索有关化学物质方面的文献时,使用 RN 比使用相应的化学物质名称(包括各种同义名)的查全率要高。

RN 的获取方法有以下几种:利用辞典、手册,如国内出版的《英汉精细化学品辞典》;利用国内网站;利用国外化学搜索器;利用《化学文摘》的分子式索引(Formula Index)等。

3.1.2.2 "Structure Drawing"(结构绘制)

用户可用化学结构图标来检索化学物质和化学反应,找出有关化学物质的特性和供货商、管制品名单、化学反应等资料。按下"New Task"窗口的"Explore"选项,然后选择"Chemical Structure"(物质结构)或"Reaction Structure"(反应结构),就进入结构绘制窗口。

1. 结构绘制窗口的菜单

该窗口有"File Menu"(文件菜单)、"Edit Menu"(编辑菜单)、"View Menu"(视图菜单)、"Tool Menu"(工具菜单)、"Template Menu"(模板菜单)、"Help"(说明)等菜单。这些菜单跟大多数软件类似,这里着重介绍"Template Menu"。

检索者从菜单中选择"Template Menu",便能够在结构图标窗口中轻易绘图。模板菜单的菜单标题及定义如表 3-1 所示。

表 3-1 模板菜单的菜单标题及定义

菜 单 标 题	定 义
Monocarbocyclic…	由碳原子组成的单环结构
Bicarbocyclic…	由碳原子组成的双环结构
Polycarbocyclic…	由碳原子组成的多环结构
N-containing…	含有氮(N)原子的结构
O-containing…	含有氧(O)原子的结构
S-containing…	含有硫黄(S)原子的结构
NOS-containing…	含有氮(N)、氧(O)和硫黄(S)成分的结构
Alkaloid…	生物碱
Amino Acid…	氨基酸结构
Carbohydrate…	碳水化合物结构
Nucleic Acid…	核酸结构
Steroid…	类固醇结构
Coordination…	配位化合物
Misc…	其他各种各样的结构
User Defined…	使用者界定的构造模板

2. "Vertical Tool Palette"(垂直工具板)

垂直工具板提供绘制和修改化学结构的工具。其结构如图 3-4 所示。

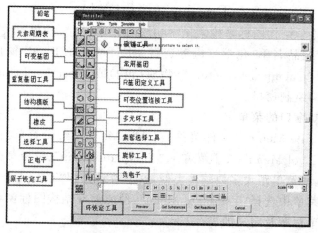

图 3-4　垂直工具板的结构

垂直工具板内容比较多,这里着重介绍“Shortcut Menu Tool”(基团工具)。基团工具提供了常用的基团,如图 3-5 所示。使用该工具能够非常方便地绘制化学结构式。

CH	Bu-n	o-C6H4	CI3	NH2
CH2	Bu-i	m-C6H4	CHO	NH3
Me	Bu-s	p-C6H4	CN	NO2
OMe	Bu-t	CF2	C(O)CH3	OH
Et	OBu-n	CF3	CO2H	OPO3H2
OEt	OBu-i	CCl2	COOH	OSO3H
Pr-n	OBu-s	CCl3	COSH	PO3H2
Pr-i	OBu-t	CBr2	CS2H	SH
OPr-n	Ph	CBr3	CSSH	SO2
OPr-i	OPh	CI2	NH	SO3H

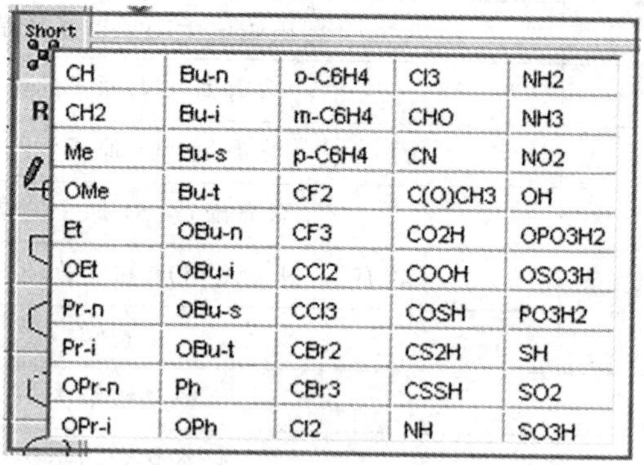

图 3-5　常用的基团

3. “Horizontal Tool Palette”(水平工具板)

水平工具板提供一般原子和键的结构图标。绘制结构的分子式和相对分子质量也显示在指示框内,如图 3-6 所示。

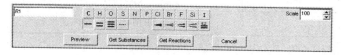

图 3-6　水平工具板

(1)“Common Atom Palette”(常用原子板):常用原子板包括结构图标中时常

使用的原子,如 C、H、O、S 等,当点击原子图标时,这原子将会变成默认,并显示在当前原子框中。

(2)"Bonding Palette"(键板):键的类型有单键、双键、三键和任何键等四种。默认设定为单键。

(3)其他:"Stereo Bond Palette"(立体键板)、"Indicated Magnification Box"(指示放大框)、"Molecular Formula / Molecular Weight"(分子式/相对分子质量)、"Variable Attachment Position Tool"(可变的取代位置工具)。

3.1.2.3 "SciFinder Substructure Search"的检索功能

"SciFinder Substructure Search"提供以下功能。

(1)可以进行"Exact search"(相同结构检索)、"Substructure search"(亚结构检索)和"Similarity search"(相似结构检索)。三种检索功能选择如图 3-7 所示,三种检索结果比较如表 3-2 所示。

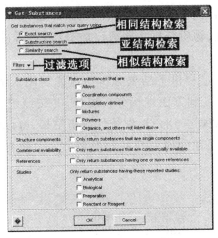

图 3-7 三种检索功能选择

表 3-2 结构绘制的检索功能比较

检索类型	能检索得到的结果	不能检索得到的结果
"Exact search"(相同结构检索)	与检索的结构完全相同,以及其多元物质(盐、聚合物、化合物)、互变异构体	含取代基的物质
"Substructure search"(亚结构检索)	与检索的结构完全相同,以及其多元物质(盐、聚合物、化合物)、互变异构体、含取代基的物质	两者的结构相似,但并不是其亚结构,如乙烷基(甲基的结果便不会出现)

续表

检索类型	能检索得到的结果	不能检索得到的结果
"Similarity search"（相似结构检索）	与检索的结构完全相同,以及其多元物质（盐、聚合物、化合物）、有相似结构的物质,但其元素成分、取代基和其位置与检索的结构不同,两者的结构相似,但并不是其亚结构,如乙烷基(甲基的结果便不会出现)、物质含有的环数目和检索的结构不同	结果的结构有较大的取代基（相似程度低）

（2）强大的分析功能,可分析在点选结节的真正原子附件、可变原子(A、Q、X、M)或 R 基团的结构成分和相关结果数目。

3.1.2.4 "SciFinder Scholar"的分析功能

"SciFinder Scholar"提倡用户从广域的检索开始,获得大量比较相关的信息,然后利用文献分析功能、物质分析功能或反应分析功能,逐步提炼检索结果,获得最佳的检索效果。

"Analyze"和"Refine"提供了结果分析与过滤功能。选择"Analyze"按钮,可以对检索结果从多个角度和方面进行分析统计,并按照统计分析结果从高到低绘出柱状图表,给出统计数据。用户根据统计分析结果,可以从中筛选出感兴趣的研究文献,或者了解研究课题的研究现状与发展方向。选择"Refine"按钮,可以使检索结果更精确。

> **小贴士**
>
> "Analyze"的限定与"Refine"的限定的区别在于:前者是在分析结果的基础上进行限定的,后者是直接限定的。"Analyze"有利于进一步选择更全面、更准确的检索词或进行专项分析工作。

1. 文献检索的分析功能

点击"Analyze"按钮,进入分析选项界面,系统提供了以下一些方面的分析功能。

"Author Name"(作者姓名):可了解该领域活跃的研究人员。

"CAS Registry Number"(化学物质登记号):可分析文献中出现的物质排名。

"CA Section Title"(CA 学科分类):检索结果所涉及的文献分类排名。

"Company/Organization"(公司或机构名称):可了解该领域活跃的研究

机构。

"Database"(数据库):可对来源数据库进行限定。

"Document Type"(文件类型):可对文献类型进行分析。

"Index Term"(索引词):可分析文献的学科分布情况。

"Journal Name"(期刊名称):可分析文献的来源。

"Language"(语言):可对文献语种进行分析。

"Publication Year"(出版年):可了解该领域的研究历史和发展。

2. 文献检索的过滤功能

点击"Refine"按钮,进入过滤选项界面,系统提供了以下一些方面的过滤功能。

"Research Topic":可用其他关键词进行二次检索。

"Company Name":可对研究机构进行限定。

"Author Name":可对研究者进行限定。

"Publication Year":可对出版年进行限定。

"Document Type":可对文献类型进行限定。

"Language":可对语种进行限定。

"Database":可对来源数据库进行限定。

3.1.2.5 后处理功能选择

"SciFinder Scholar"只是简单地告诉我们检索结果中有什么,因此必须对怎样处理做出明智的选择,如缩小检索范围、精选化学反应等。

在结果显示界面,"SciFinder Scholar"提供"Remove Duplicates"(去重)、"Analyze/Refine"(分析与过滤)与"Get Ralated Information"(获得相关信息)三个功能按钮,帮助用户挖掘检索结果中包含的信息。

(1)"Remove Duplicates"会帮助用户去除多个数据库中的重复记录,但该工具只在结果数量少于5 000条时有效。

(2)"Analyze/Refine"提供了结果的分析与过滤功能。

◆ 小贴士

用户根据统计分析结果,可以从中筛选出感兴趣的研究文献,或者了解研究课题的研究现状与发展方向;选择"Refine"按钮,可以使检索结果更精确。

例如,点击"Analyze"→"Product Yield"选项,可以帮助分析检索结果,因为我们可以得到"Product Yield"(产物收率)直方分布图,如图3-8所示,据此可以做出更有见地的决定。

"Get Related Information"可以帮助用户进行"Cited References"(获取已选

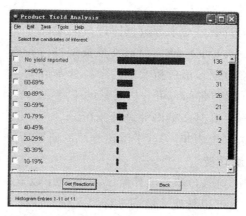

图 3-8 "Product Yield"直方分布图

文献所引用的文献)与"Citing References"(获取引用已选文献的文献)分析检索,了解该文献的引用和被引用情况,可以帮助用户在已经查到的信息基础上进一步扩展信息范围和判断该文献是否有利用价值等。

3.1.3 检索案例

例 1 检索化学物质"1-乙基-1,2-二氢-6-羟基-4-甲基-2-氧代-3-吡啶甲酰胺"(利用结构绘制功能检索)。

检索步骤如下。

(1)课题分析。该物质分子式为 $C_9H_{12}N_2O_3$,英文名为 1-ethyl-1,2-dihydro-6-hydroxy-4-methyl-2-oxo-3-pyridinecarboxamide,结构式如图 3-9 所示。

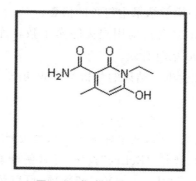

图 3-9 化学物质结构式

(2)对于已知化学物质的结构式,可从"Explore Substances"→"Chemical Structure"进入结构绘制界面,或者从"Explore Reactions"→"Reaction

Structure"进入结构绘制界面,利用相应的绘图工具把结构式绘制出来,如图 3-10 所示。

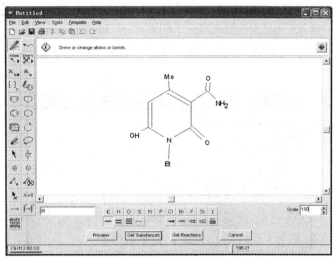

图 3-10　绘制结构式

(3)点击"Get Substances"按钮开始检索,出现如图 3-7 所示的对话框。

(4)选择其中"Exact search"(相同结构检索)进行检索,若要缩小检索范围至特定类型,可改变图 3-7 所示的"Filters"过滤选项设定,点击"OK"按钮继续检索。如果选择"Substructure search"(亚结构检索)一项,则亚结构的部分会被突出显示成红色,让用户很容易能辨认出亚结构部分,检索结果如图 3-11 所示。

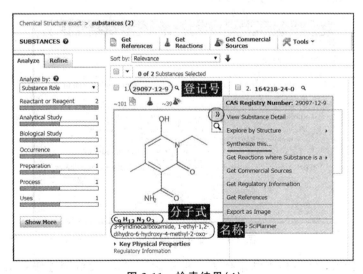

图 3-11　检索结果(4)

例 2 检索有关汽车尾气处理方面的文献(利用关键词进行检索)。

检索步骤如下。

(1)本课题中只含有"汽车""尾气""处理"等研究主题,不涉及结构式、登记号、分子式等,所以可通过"Explore References"→"Research Topic"进入检索界面,如图 3-12 所示。

SciFinder Web 数据库检索

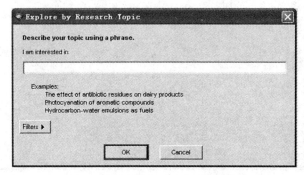

图 3-12 "Research Topic"检索界面

(2)输入检索词"treatment of automobile exhaust"到检索框,点击"OK"按钮即可。

(3)确定对输入的研究主题进行检索后,系统自动按照多种词间关系进行预检索,然后显示出多组检索结果,如图 3-13 所示。选定一组检索结果后,点击"Get References"按钮就可以得到文献列表。

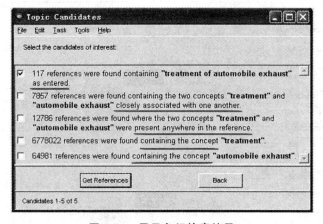

图 3-13 显示多组检索结果

在图 3-13 中,每组检索结果代表一种检索策略,检索范围逐级扩大,用户可以根据需要选择检索结果。其中"as entered"指与输入的检索短语形式完全一致;"closely associated with one another"指多个检索词出现在同一句子或标题中;"present anywhere in the reference"指检索词可能一个出现在标题中,另一个在摘要中,还有一个在索引中;"containing the concept"指检索词或其同义词出现在记录任何位置。

> **小贴士**
>
> 在进行"Research Topic"检索时应注意:以输入2~3个关键词为最佳,最多不超过5个关键词。系统支持自然语言检索,不支持布尔逻辑运算符"AND""OR"。对于输入的检索词,系统自动进行截词运算。系统建议在词之间的合适位置使用介词,包括"of""after""at""between""from""in""on""with"等。系统能识别常用的缩写、单复数及过去式等,能自动使用同义词、近义词检索,有截词、断词等功能。如我们在输入"cancer"(癌)后,SciFinder Web 数据库在它的同义词词典中找到"sarcoma"(恶性毒瘤)、"carcinoma"(癌)等同义词,并把它们增加为检索词。

例3 已知草甘膦登记号为1071-83-6,请检索有关草甘膦的文献(利用登记号进行检索)。

检索步骤如下。

(1)分析课题。对于已知结构式、登记号、分子式等定向条件的课题检索,可分为下面三种情况。

①如果已知化学物质名称(含通用名、商品名、登记号等),可通过"Explore Substances"→"Substance Identifier"进入检索界面。

②如果已知化学物质分子式,可通过"Explore Substances"→"Molecular Formula"进入检索界面。

③如果已知化学物质结构式,可通过"Explore Substances"→"Chemical Structure"进入检索界面,或者通过"Explore Reactions"→"Reaction Structure"进入检索界面。

(2)本课题可通过"Explore Substances"→"Substance Identifier"进入检索界面,输入登记号"1071-83-6",点击"OK"按钮即可,如图3-14所示。

(3)检索结果出来后,点击物质的结构式并点击层级式菜单,就可以得到该物质的制备、反应、催化等信息,如图3-15所示。

例4 检索 Scifinder Scholar 数据库收录的武汉工程大学周玉新老师发表的论文(作者姓名检索)。

检索步骤如下。

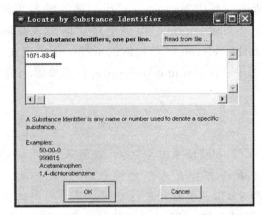

图 3-14 "Substance Identifier"检索界面

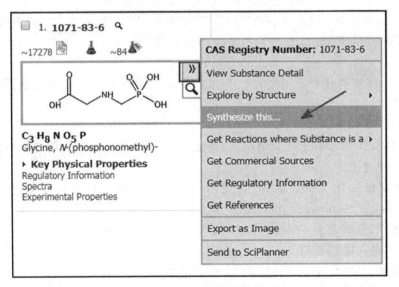

图 3-15 检索物质的相关信息

(1)分析课题。对于含有作者、公司或组织机构等的课题检索,可分为下面两种情况。

①如果已知作者姓名,可通过"Explore References"→"Author Name"进入检索界面,输入作者姓名(注意姓与名的顺序)进行检索。

②如果已知公司或组织机构名称,可通过"Explore References"→"Company Name"进入检索界面,输入公司或组织机构名称进行检索。

(2)本课题可通过"Explore References"→"Author Name"进入检索界面,在"Last name(required)"框中输入姓"zhou",在"First name or initial"框中输入名

"yuxin",如图 3-16 所示,点击"OK"按钮即可。

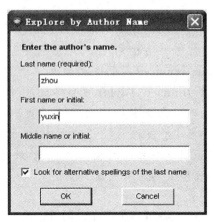

图 3-16 "Author Name"检索界面

(3)考虑到同名同姓,要对作者单位进行限制,点击"Analyze /Refine"→"Refine"→"Company Name",输入作者单位"Wuhan Institute of Technology",如图 3-17 所示,点击"OK"按钮,检索结果如图 3-18 所示。

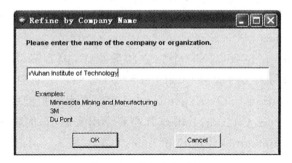

图 3-17 进行单位限定

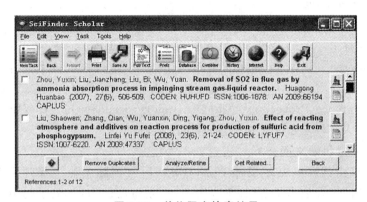

图 3-18 单位限定检索结果

> **小贴士**
>
> 在进行作者姓名检索时应注意作者的姓名可能用多种方式表达(如全称或第一作者缩写等),因此进行作者姓名检索时,一定要分清楚作者的姓和名,以及缩写和全称等。在"Last name(required)"框中必须填入作者的姓,对于复姓如O'Sullivan、Chace-Scott 或者 Johnson Taylor 可直接输入;第二、三个输入框(名字或中间名)是可选项,对于不确定的名字,可以输入首字母。值得注意的是,同一作者在不同出版物中所用的作者名称写法可能不完全一致,所以要用同一人名可能采用的不同写法逐个试验,否则就有可能漏检。当然,如果遇到同名作者,可以用机构名称限定一下,即可精确检索到所需文献。

3.2 SCI 数据库及其检索

3.2.1 概述

ISI Web of Knowledge 是美国科学信息研究所(Institute for Scientific Information,ISI)提供的数据库平台,它集成了多个数据库,主要数据库包括:

1. Web of Science

Web of Science 又包含以下三个独立的数据库,内容涵盖自然科学、工程技术、社会科学、艺术与人文等诸多领域内的 8 500 多种学术期刊。

(1)Science Citation Index Expanded(科学引文索引扩展版,简称 SCI-E)。

(2)Social Sciences Citation Index(社会科学引文索引,简称 SSCI)。

(3)Arts & Humanities Citation Index(艺术与人文科学引文索引,简称 A&HCI)。

2. ISI Proceedings

ISI Proceedings 是 Index to Scientific & Technical Proceedings(科技技术会议录索引,简称 ISTP)的 Web 版,它包括以下两个数据库。

(1)Conference Proceedings Citation Index-Science(科技技术会议录索引,简称 CPCI-S)。

(2)Conference Proceedings Citation Index-Social Science & Humannalities(社会科学及人文科学会议录索引,简称 CPCI-SSH)。

3. INSPEC(科学文摘,SA)

科学文摘由英国机电工程师学会(IEE)(后与国际工业工程师学会(IIE)合并,更名为英国工程技术学会(IET))建立,专业面覆盖物理、电子与电气工程、计算机与控制工程、信息技术、生产和制造工程等领域,文献类型包括期刊、会议录、报告、图书等,文献源自于80多个国家和地区,涉及29种语言,收录日期为自1969年开始。

4. MEDLINE(医学文摘)

MEDLINE是美国国立医学图书馆建立的MEDLARS系统中使用频率最高,也是最大的数据库,是当今世界最具权威的综合性生物医学数据库之一,内容涉及基础医学、临床医学、护理学、牙科学、兽医学、药物学、营养卫生、卫生管理等。

5. Derwent Innovations Index(德温特世界专利创新索引,简称DII)

DII将世界专利索引(WPI)和专利引文索引(PCI)的内容有机整合在一起,为研究人员提供了世界范围内的、综合全面的专利信息。DII覆盖了全世界1963年以后的约1 000万项基本发明和2 000万项专利。

6. Journal Citation Reports(期刊引用报告,简称JCR)

JCR是依据期刊相互引用情形编制的书目计量分析统计报告,是期刊评价、排名、分类及比较的量化工具。它收录了全世界3 000多个出版社的7 000多种学术期刊,内容涵盖科学技术和社会科学所有专业领域。JCR提供了期刊刊载论文数量、各期刊当年被引用次数、期刊论文的平均被引用率、期刊的影响因子、期刊的引用文献和被引用文献的半衰期等信息。

7. Essential Science Indicators(基本科学指标,简称ESI)

ESI是由美国科学信息研究所于2001年推出的衡量科学研究绩效、跟踪科学发展趋势的基本分析评价工具,是基于ISI引文索引数据库SCI和SSCI所收录的全球8 500多种学术期刊的900万多条文献记录而建立的计量分析数据库。ESI在22个专业领域内分别对国家、研究机构、期刊、论文、科学家进行统计分析和排序。

3.2.2 检索方法

1. 跨库检索

选择"所有数据库",提供同时从所有子数据库中进行信息检索的功能。

2. 单库检索

在首页上点击"选择一个数据库"标签,即进入单库检索选择界面。

3. SCI检索

SCI数据库提供"基本检索"、"作者检索"、"被引参考文献检索"和"高级检索"等多种检索方式,如图3-19所示。

(1)基本检索:是SCI数据库的默认检索界面,可直接输入检索词进行检索。检索范围可选择主题、标题、作者、团体作者、编者、出版物名称、出版年、地址、会议等。

图 3-19　ISI Web of Knowledge 检索平台

（2）作者检索：指按照作者姓名进行检索。

（3）被引参考文献检索：以被引作者、被引著作和被引年份作为检索点进行检索。其中，被引作者一般应以被引文献的第一作者的姓名进行检索；被引著作为刊登被引文献的出版物名称，如期刊名称缩写形式、书名或专利号；被引年份应输入4位数字的年号。具体检索要求可以参看输入框中的示例，如图 3-20 所示。

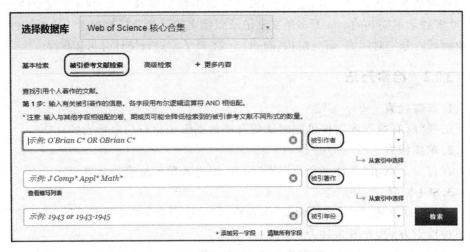

图 3-20　"被引参考文献检索"界面

（4）高级检索：允许使用字段标识符和布尔逻辑运算符进行组配，创建一个检索提问式。每个检索词需用字段标识符标示出来,不同检索字段用布尔逻辑运算符相连。输入格式按图 3-21 所示示例的格式,字段表示方法见右边"字段标识",如要检索篇名中出现"指纹识别"的文献,检索式为"TI=(fingerprint) AND TI=(identification)"。

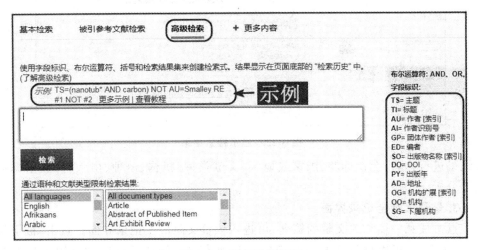

图 3-21　高级检索界面

高级检索属于精确检索,提供逻辑运算符、位置算符和截词符/通配符检索。

(1)逻辑运算符:"NOT""AND""OR",分别规定"非""与""或"逻辑关系。

(2)位置算符:"SAME"或"SENT",规定其前后连接的两个词在检索记录中出现在同一句,或者同一个词组("keyword"字段)中。

(3)截词符/通配符:"?"和"＊",用在检索词的中间和词尾;"?"是截词符,代表一个字符;"＊"是通配符,代表零个或若干个字符。例如:输入"wom？n"可检出"woman""women"等词;输入"sul＊ur"可检出"sulphur""sulfur"等词。

3.2.3　检索结果与分析

1. 显示检索结果

执行一次检索后,检索结果界面提供了"二次检索""排序方式""分析检索结果"等,显示检索结果如图 3-22 所示。

在检索前,可以设定排序方式,以得到更集中的检索结果,点击"排序方式"下拉框,可对检索出的文献按更新日期、被引频次、相关性、第一作者、来源出版物、出版年、会议标题等进行排序。

2. 分析检索结果

Web of Science 提供了对检索结果的优化功能,点击"分析检索结果"按钮,可

图3-22 显示检索结果

对结果进行作者、会议标题、国家或地区、文献类型、机构、语种、出版时间、来源期刊等分析。

3. 查看文献全记录界面

点击任意一篇相关文献的篇名,可进入该篇文献的全记录界面。点击"被引频次"前的数字,可以查看此文献发表以后被他人引用的情况;点击"引用的参考文献"前的数字,可以查看该作者在撰写本文献过程中引用的参考文献的列表,如图3-23所示。

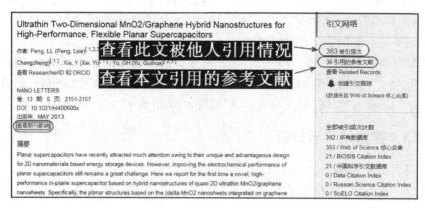

图3-23 查看被引频次和引用的参考文献

Web of Science提供"检索历史"功能,即每进行一次检索都会自动转化为一个检索提问式,这些检索提问式可以在"检索历史"界面看到。在该界面上,用户可以利用布尔逻辑运算符"AND""OR"对检索集合进行组配。"检索历史"只可以保存20个检索提问式。

3.2.4 检索案例

例 利用 Web of Science(SCI)数据库,对 2008—2017 年燃料电池研究的全景进行分析。

检索步骤如下。

(1)课题分析。

找出关键词:fuel cell;fuel-cell;FC。

使用的检索式:标题=(fuel cell) OR 标题=(fuel-cell)。

检索时间范围:2008—2017 年,如图 3-24 所示。

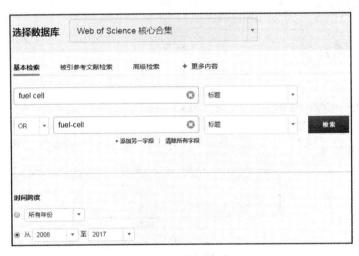

图 3-24 输入方式

(2)点击"检索"按钮,进行检索,共检索 24 348 篇文献,如图 3-25 所示。

图 3-25 检索结果(5)

(3) 检索结果分析。点击"分析检索结果"按钮，对检索结果进行分析。如选择"国家/地区"标签，可以查看 2008—2017 年间在该领域研究比较多的国家或地区。分析结果显示：中国在燃料电池研究中发表论文位居首位，文献量达 5 877 篇，占总量的 24.138%；而美国名列第二，文献量 4 835 篇；韩国名列第三，文献量 2 539 篇，如图 3-26 所示。

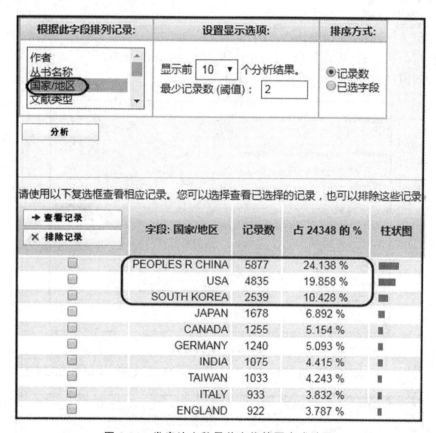

图 3-26　发表论文数量前十位的国家或地区

点击"机构"标签，可以对科研机构进行分析。分析结果显示：中国科学院在燃料电池研究中发表论文数量名列第一，共 815 篇，占总量的 3.347%，而哈尔滨工业大学名列第二，共 386 篇，中国科技大学名列第三，共 357 篇，如图 3-27 所示。

一篇论文发表后，被他人引用次数的多少，往往从侧面反映了这篇论文的价值高低。在检索结果界面，在"排序方式"下拉框中选择"被引频次(降序)"，将检索的论文按被引频次从高到低重新进行排序。该领域高被引研究文献前三名如表 3-3 所示。

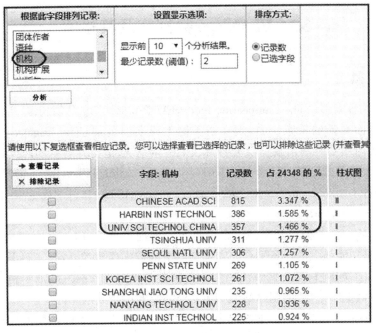

图 3-27 发表论文数量前十位的机构

表 3-3 高被引研究文献

标 题	作 者	来源出版物	被引频次
Nitrogen-doped graphene as efficient metal-free electrocatalyst for oxygen reduction in fuel cells	Qu, Liangti; Liu, Yong; Baek, Jong-Beom; 等	ACS NANO 卷:4 期:3 页:1321-1326 出版年:MAR 2010	2 024
Electrocatalyst approaches and challenges for automotive fuel cells	Debe, Mark K.	NATURE 卷:486 期:7401 页:43-51 出版年:JUN 7 2012	1 514
The biology of cancer: metabolic reprogramming fuels cell growth and proliferation	De Berardinis, Ralph J.; Lum, Julian J.; Hatzivassiliou, Georgia 等	Cell Metabolism, 卷:7 期:1 页:11-20 出版年:JAN 2008	1 513

3.3 EI Village 数据库及其检索

3.3.1 概述

美国《工程索引》(The Engineering Index,EI)于 1884 年 10 月创刊,是一种报道有关工程技术方面文献的检索工具,现在由美国工程索引公司(The Engineering Index in Corporation ,USA)编辑出版。EI 是国际权威检索系统,是世界著名的四大检索工具之一(其他三大工具分别是:《科学引文索引》(Science Citation Index,SCI);《科学技术会议录索引》(Index to Scientific & Technical Proceedings ,ISTP);《科学评论索引》(Index to Scientific Reviews,ISR))。

EI Village 是 EI 公司开发的综合信息服务工程信息村,EI Village 2 是 EI Village 的改进版,是功能强大的信息平台。它包括以下的数据库资源:Compendex(EI 的网络版)、INSPEC(英国《科学文摘》)、USPTO(美国专利)、esp@cenet(欧洲专利)等。其中,Compendex 数据库是 EI 的网络版,是 EI Village 2 的核心数据库。

Compendex 数据库是目前全球较全面的工程领域二次文献数据库(文摘型)。它收录了 1 000 多万条数据。这些数据出自 5 000 多种工程类期刊、会议论文集和技术报告,其中 2 600 种有文摘。20 世纪 90 年代以后,数据库又新增了 2 500 种文献来源。化工和工艺的期刊文献最多,其他还包括计算机和数据处理、应用物理、电子和通信、土木工程和机械工程等方面的文献。系统不支持中文检索,仅限英文检索。用户在网上可检索到 1969 年至今的文献。数据每周更新,以确保用户掌握最新信息。

3.3.2 检索方法

Engineering Village 数据库提供了"Quick search"(快速检索)、"Expert search"(专家检索)和"Thesaurus search"(叙词检索)三种检索方式,其中"Quick search"是系统默认的检索方式。

1."Quick search"(快速检索)

"Quick search"能够进行直接快速的检索,其界面允许用户从一个下拉式菜单中选择要检索的各个项,其检索界面如图 3-28 所示。

"Quick search"菜单选项说明如下。

(1)SEARCH FOR(输入框):检索词可以是单词或词组。

(2)SEARCH IN(检索字段选择):在下拉式菜单中选定检索字段进行检索。检索词应和"SEARCH IN"下拉式菜单中选定字段相匹配,表 3-4 所示是"SEARCH IN"检索字段及其含义和代码。

第 3 章 外文摘要型数据库及其检索

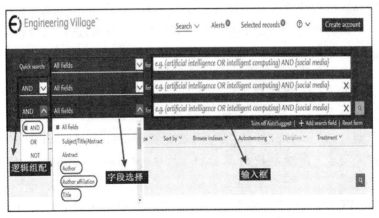

图 3-28 "Quick search"检索界面

表 3-4 "SEARCH IN"检索字段及其含义和代码

字 段	字 段 含 义	字段代码
All fields（所有字段）	在数据库所提供的所有字段中检索	ALL
Subject/Title/Abstract（主题/标题/摘要）	在主标题词、标题、摘要和受控词中检索	KY
Abstract（摘要）	在摘要中检索	AB
Author（作者）	检索作者姓名（姓在前，名在后）	AU
Author affiliation（作者单位）	通过单位名称来检索（单位名称常用缩写）	AF
Title（标题）	通过文献的标题（篇名）来检索	TI
EI classification code（EI 分类码）	通过 EI 主题词表中的分类代码来检索	CL
CODEN（图书馆所藏文献和书刊的分类编号）	通过期刊和其他连续出版物的 6 位代码来检索	CN
Conference information（会议信息）	通过会议名称、日期、地点和举办者来检索	CF
Conference code（会议代码）	通过会议论文集代码来检索	CC
ISSN（国际标准连续出版物号）	通过 8 位数组成的国际标准连接出版物号来检索	SN
EI main heading（EI 主标题）	通过表示文献主要概念的词来检索	MH
Publishers（出版商）	可以搜索某一出版商所出版的期刊	PN
Source titles（刊名）	在期刊、会议论文集和技术报告中检索	ST
EI controlled term（控制词）	在由 EI 专家建立的主题词组中检索	CV

(3)逻辑运算符:快速检索界面有三个检索框,允许用户将输入不同检索框中的词用布尔逻辑运算符"AND"、"OR"和"NOT"连接起来,进行联合检索。

对于输入的词,系统提供"Autostemming off"(自动取词根)功能,不勾选"Autostemming off",即自动取词根,此功能将检索以所输入词的词根为基础的所有派生词。如输入"management"后,系统会将"managing""manager""manage""managers"等检出(作者字段检索除外)。勾选"Autostemming off"可禁用此功能。

(4)"LIMIT BY"(结果限定设置):可以将检索限定在某个范围内。系统提供的文件类型有"Document type"(文献类型)、"Treatment Type"(处理类型)、"Language"(语言)和"限定结果范围",使用此方法,用户可得到所需的更为精确的检索结果。

①"Document type"(文献类型):指的是所检索的文献源自出版物的类型。可限定的文件类型如下。

All document types(default):全部(默认选项)。

CORE:EI 核心刊物。

Journal article:期刊论文。

Conference article:会议论文。

Conference proceeding:会议论文集。

Monograph chapter:专题论文。

Monograph review:专题综述。

Report chapter:专题报告。

Report review:综述报告。

Dissertation:学位论文。

Unpublished paper:未出版文献。

②"Treatment type"(处理类型):用于说明文献的研究方法及所探讨主题的类型。可限定的文件处理类型如下。

All treatment types:全部。

Applications:应用。

Biographical:传记。

Economic:经济。

Experimental：实验。

General review：一般性综述。

Historical：历史。

Literature review：文献综述。

Management aspects：管理。

Numerical：数值。

Theoretical：理论。

③"Language"（语言）：用户可在下拉式菜单中对语种做 All languages、English、Chinese、French、German、Italian、Japanese、Russian 和 Spanish 限定。

④"限定结果范围"：有两个选项，一是按日期限定（limit by date），读者可以设定文献的年限范围；二是按最近某次更新（updates），检索范围限定在最近 1～4 次所更新的内容中。

（5）SORT BY（排序）：Compendex 数据库的检索结果可以按相关性（relevance）或按出版时间进行排序。默认的排序为按相关性排序。

2. "Expert search"（专家检索）

"Expert search"提供更强大而灵活的功能，与快速检索相比，用户可使用更复杂的布尔逻辑，该检索方式包含更多的检索选项。"Expert search"检索界面如图 3-29 所示。

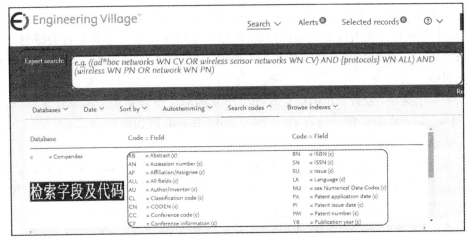

图 3-29 "Expert search"检索界面

"Expert search"检索界面中有一独立的检索框，用户采用"within"命令（wn）和字段代码（一种后缀方式的字段限定检索），可以在特定的字段内进行检索，利用

"Expert search"检索时,要熟悉检索字段的含义及代码,检索字段的含义及代码出现在"Expert search"检索界面的下方,如图 3-29 所示。

"Expert search"还可以用布尔逻辑运算符("AND""OR""NOT")连接检索词。它可使用括号指定检索的顺序,括号内的术语和操作优先于括号外的术语和操作,也可使用多重括号。如:(International Space Station OR Mir) AND gravitational effects AND (French wn LA or German wn LA or English wn LA)。

3. "Thesaurus search"(叙词检索)

点选"Thesaurus search"标签即可进入叙词检索界面。在输入框中输入想要查询的词,然后选择"Search"(查询)、"Exact Term"(精确词汇)或"Browse"(浏览),再点击"Submit"按钮即可进行检索。

3.3.3 检索案例

例 航空发动机涉及气动热力学、燃烧学、传热学、结构力学、控制理论等众多领域,被公认为现代工业"皇冠上的明珠",是衡量一个国家综合科技水平、科技工业基础实力和综合国力的重要标志。但由于研制难度大、技术含量高、回报周期长等,

EI Village 数据库检索

迄今为止,世界上真正能生产航空发动机的只有美国、英国、俄罗斯、法国等几个国家。对于中国来说,未来 20 年航空发动机、燃气轮机合计需求仍然很大。与巨大市场需求形成巨大反差的是中国发动机研发水平与国际先进水平相比还有较大的差距,几乎所有民航飞机的发动机都依赖进口,军用发动机则主要是自主研制+引进俄罗斯或乌克兰引擎。可以毫不夸张地说,打破欧美发动机生产上的垄断越发迫在眉睫。2016 年 8 月 28 日,中国航空发动机集团在北京挂牌成立,成为国内第十二家军工集团,标志着我国航空发动机产业将形成全新格局。检索 2010—2016 年 EI Village 数据库收录的有关"航空发动机"方面的期刊论文。

检索步骤如下:

分析课题并找出关键词:航空发动机的三种翻译为 aero-engine、aero engine、aeroengine,文献类型选择"Journal article",时间范围限定在 2010—2016 年,输入方法如图 3-30 所示。

点击"Search"按钮,查到 715 篇,如图 3-31 所示。

点击"Detailed"按钮查看文献摘要信息,如图 3-32 所示。

第 3 章　外文摘要型数据库及其检索

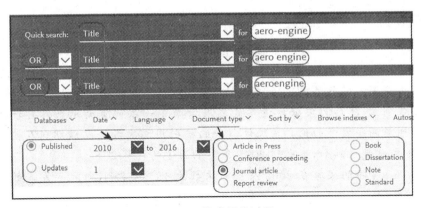

图 3-30　检索操作过程

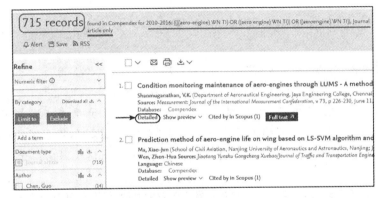

图 3-31　检索结果(6)

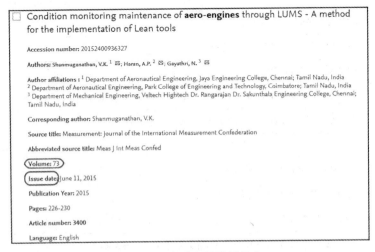

图 3-32　查看文献摘要信息

视野扩展

期刊的影响因子

影响因子(impact factor,IF)是美国科学信息研究所的期刊引证报告中的一项数据,由美国科学信息研究所创始人尤金·加菲尔德(Eugene Garfield)在20世纪60年代创立,其后为文献计量学的发展带来了一系列重大革新。其计算方法是:某期刊前两年发表的论文在统计当年的被引用总次数除以该期刊在前两年内发表的论文总数。例如,某期刊2005年影响因子的计算如下。

本刊2004年的文章在2005年被引次数为48次,本刊2004年发表的论文数为187篇。

本刊2003年的文章在2005年被引次数为128次,本刊2003年发表的论文数为154篇。

本刊2003—2004年的文章在2005年的被引次数总计:48次+128次=176次。

本刊2003—2004年的发文量总计:187篇+154篇=341篇。

本刊2005年的影响因子为:176÷341＝0.5161。

SCI收录的期刊根据影响因子分三大类:高因子类期刊,影响因子大于1.105;中因子类期刊,影响因子在1.105到0.422之间;低因子类期刊,影响因子小于0.422。表3-5列出了2009年SCI收录的中国期刊及影响因子(节选前20名)。

表3-5 2009年SCI收录的中国期刊及影响因子(节选前20名)

序 号	刊 名	影响因子
1	CELL RES(细胞研究:英文版)	4.535
2	COMMUN COMPUT PHYS	2.33
3	FUNGAL DIVERS	2.279
4	WORLD J GASTROENTERO(世界胃肠病学杂志:英文版)	2.081
5	ASIAN J ANDROL(亚洲男性学杂志:英文版)	2.059
6	TRANSPORTMETRICA	2.043
7	EPISODES(地质幕:英文版)	1.87
8	CHINESE PHYS(中国物理)	1.68
9	J ZHEJIANG UNIV-SC B(浙江大学学报:B卷英文版)	1.679
10	ACTA PHARMACOL SIN(中国药理学报:英文版)	1.676

续表

序号	刊名	影响因子
11	ACTA GEOL SIN-ENGL（地质学报英文版）	1.431
12	ACTA PHYS SIN-CH ED（物理学报）	1.165
13	ACTA BIOCH BIOPH SIN（生物化学与生物物理学报）	1.086
14	SCI CHINA SER G（中国科学：G 辑）	0.973
15	CHINESE J CHEM（中国化学：英文版）	0.945
16	ACTA MECH SINICA（力学学报英文版）	0.939
17	J MATER SCI TECHNOL（材料科学技术学报：英文版）	0.869
18	PEDOSPHERE（土壤圈：英文版）	0.865
19	J INTEGR PLANT BIOL（植物学报：英文版）	0.859
20	CHINESE MED J-PEKING（中华医学杂志：英文版）	0.858

小贴士

影响因子是国际上通行的一个期刊评价指标，也是衡量学术期刊影响力的一个重要指标。该指标是相对统计值的，可克服大小期刊由于载文量的不同所带来的偏差。一般来说，影响因子越大，期刊的学术影响力也越大。如一直激烈竞争的 *nature* 和 *Science* 杂志每年都要"决一雌雄"，不过二者的差距不大，它们是同一档次的国际权威期刊。

思考题

1. 简述 SciFinder Scholar 数据库的基本检索方法。

2. 什么是化学物质登记号（CAS-RN）？请检索登记号[107-35-7]，说明它代表什么物质，分别写出它的产品中文名称、英文名称（含俗名）、分子式、结构式及物化性质（密度、熔点、水溶性等）。

3. 利用 SciFinder Scholar 数据库查找下列俗名或商品名的英文名及登记号：
阿莫西林（amoxycillin）；香兰素（vanillin）；水杨酸（salicylic acid）

4. 已知化学物质登记号，利用 SciFinder Scholar 数据库查找其英文名及分子式：
[507-20-0]；[133461-25-3]；[141281-11-0]

5.简述 SCI 数据库的功能。

6.EI Village 2 数据库有很多检索字段,请分别写出检索字段、检索字段的含义和检索字段代码。

7.简述 EI Village 2 数据库的"Autostemming off"功能。

8.利用 EI Village 2 数据库,查出与课题相关的一篇会议文献,写出检索使用的关键词,并写出篇名、作者、会议名称、会议召开时间和地点:

(1)生物柴油制备的方法;

(2)光催化剂在水处理中的应用。

9.利用 EI Village 2 数据库,查出一篇发表在 *IEEE Transactions on Computers* 期刊上,且题目中含有"环境"的一篇期刊论文,写出篇名、作者、年、卷、期。

第 4 章 外文全文型数据库及其检索

在摘要型数据库中检索到的信息只是原始文献的摘要部分。当摘要型数据库中的内容不能满足我们深度参考的要求时,我们可以求助于全文型数据库。在全文型数据库中,可以检索到原始文献,看到文献原貌,能详尽地了解文献内容。本章将介绍 EBSCO、Springer Link 和 ACS 三种外文全文型数据库及其检索。

4.1 EBSCO 数据库及其检索

4.1.1 概述

EBSCOhost 数据库是美国 EBSCO 公司三大数据系统之一(另外两个是 EBSCOonline 和 EBSCOnet),是目前世界上比较成熟的全文型数据库之一,共包括 60 多个专项数据库,其中全文数据库有 10 余个。EBSCOhost 数据库首页如图 4-1 所示。

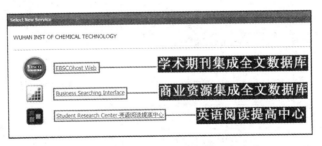

图 4-1 EBSCOhost 数据库的三个字库

1. EBSCOhost Web(学术期刊集成全文数据库)

该子库涉及社会科学、人文科学和自然科学等各个主题领域,包含 4 450 种学术性全文期刊,其中 3 500 种为专家评审期刊,全文可追溯到 1975 年。

2. Business Searching Interface(商业资源集成全文数据库)

该子库涉及商业、管理、经济、金融、银行等相关领域,收录 3 650 种全文期刊,其中 450 种为专家评审期刊,较著名的有 *BusinessWeek*、*Forbes*、*Harvard Business Review* 等,全文可追溯到 1922 年。

3. Student Research Center(英语阅读提高中心)

该子库涉及自然科学、人文历史、社会科学、艺术等相关领域。它最独特的地方就是包含 800 万篇已经标识蓝思(Lexile)的文章。

> **小贴士**
>
> 蓝思(Lexile)分级是美国国家科学基金会为了提高美国学生的阅读能力而研究出的一种衡量学生阅读水平和标识文章难易度的标准。它提供一种衡量阅读能力(reader ability)与文章难易度(text readability)的科学方法,提供文章的分级;允许老师测试学生目前的阅读水平,以便因材施教。简而言之,就是学生可以自己测试自己的阅读水平,然后去找符合自己阅读水平的文章去学习,以便循序渐进、步步提高英语阅读水平。表 4-1 列出了 Lexile 级别以及对应的阅读量和国内外主要考试。

表 4-1　Lexile 级别、对应阅读量和对应国内外主要考试

Lexile 级别	对应阅读量	对应国内外主要考试
第 1 级	200L to 400L	
第 2 级	300L to 500L	
第 3 级	500L to 700L	高等学校英语应用能力考试 B 级
第 4 级	650L to 850L	
第 5 级	750L to 950L	高等学校英语应用能力考试 A 级
第 6 级	850L to 1050L	
第 7 级	950L to 1075L	
第 8 级	1000L to 1100L	CET-4 阅读平均水平
第 9 级	1050L to 1150L	
第 10 级	1100L to 1200L	CET-6 和研究生入学考试阅读平均水平
第 11 级	1100L to 1300L	
第 12 级	1300L +	SAT、GRE、GMAT、LAST、TOEFL

4.1.2　检索方法

EBSCO 数据库提供了基本检索、高级检索两种检索方式。

1. 基本检索

数据库默认的检索界面是基本检索界面,在输入框中输入检索词,然后点击

"搜索"按钮即可完成检索。基本检索界面如图 4-2 所示。

图 4-2　EBSCO 数据库基本检索界面

2．高级检索

点击"高级检索"选项，即进入高级检索界面。高级检索提供了字段选择、逻辑运算符和限制结果三种选择方式，使检索更加便捷、准确。高级检索界面如图 4-3 所示。

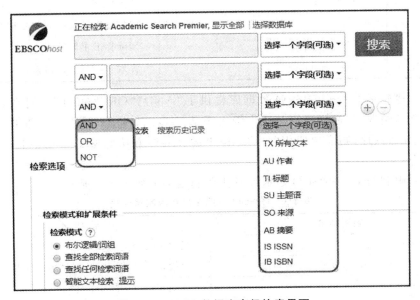

图 4-3　EBSCO 数据库高级检索界面

（1）检索字段。EBSCO 数据库检索字段的代码、名称及含义如表 4-2 所示。

表 4-2　检索字段的代码、名称及含义

字段代码	字段名称	字段含义
TX	All Text	在全文中检索
AU	Author	作者检索
TI	Title	在篇名中检索
SU	Subject Terms	主题检索
AB	Abstract or Author-Supplied Abstract	在摘要中检索
KW	Author-Supplied Keyword	在关键词中检索
GE	Graphic Terms	图表检索
PE	People	人物检索
PS	Reviews & Products	评论及产品检索
CO	Company Entity	公司检索
IC	NAICS Code or Discription	北美产业分类体系代码检索
DN	DUNS Mumber	邓白氏集团代码检索
TK	Ticker Symbol	股票代码检索
SO	Source	刊名检索
IS	ISSN	国际标准连续出版物号检索
IB	ISBN	国际标准书号检索
AN	Access Number	存取号（登记号）检索

（2）逻辑运算符。EBSCO数据库提供了"AND""OR""NOT"三种逻辑运算符；在默认情况下，逻辑运算的优先级次序是"NOT""AND""OR"，如果要改变默认的优先级次序，则需要使用"（ ）"。逻辑运算的检索功能见1.2.6小节"检索技术"部分。

（3）限制结果。EBSCO数据库常用限制结果项如表4-3所示。

表 4-3　EBSCO数据库常用限制结果项

限制结果项	限制功能
Full Text	只检索有全文的文章
Scholarly (Peer Reviewed) Journal	只检索有专家评审的期刊中的文章
Publication	在限定的出版物中检索
Published Date	限制文章的出版时间范围
Publication Type	在指定的文献类型中检索，可多选

4.1.3 检索案例

例 查找有关"供应链与物流管理"方面的文章,要求文献类型为期刊或会议文献,年限为 2012—2017 年,并要求有原文。检索步骤如下。

EBSCO 数据库
检索案例

(1)分析课题,因为本课题与商业方面相关,所以进子库时选择"Business Source Premier"子库,并进入其"Advanced Search"界面。

(2)根据检索要求,首先找出关键词并翻译成英文:供应链,supply chain;物流,logistics;管理,management。

(3)输入检索词:第一行输入"supply chain",字段选择"TI 标题";第二行输入"logistics",字段选择"TI 标题",逻辑运算符选择"AND";第三行输入"management",字段选择"TI 标题",逻辑运算符选择"AND"。

(4)限制结果。勾选"全文";"出版日期"选择 2012—2017;"文献类型"勾选"论文"。操作如图 4-4 所示。

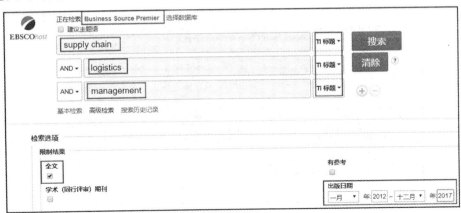

图 4-4 检索输入方法

(5)点击图 4-4 所示中的"搜索"按钮就可以检索到相关的文献了,查到 42 篇文献,如图 4-5 所示。在该界面可以选择上面的图标对该文献进行保存、打印、翻页、旋转、复制等处理。

(6)点击篇名可以查看文章的摘要信息,点击"PDF 全文"可以查看该文章的全文,如图 4-6 所示。

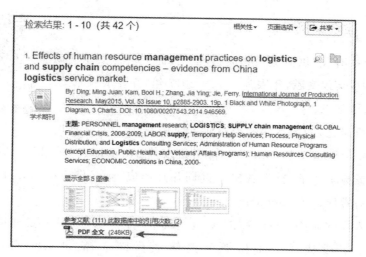

图 4-5　检索结果(7)

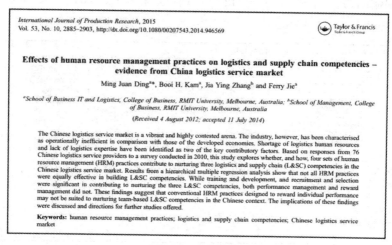

图 4-6　全文信息

4.2　Springer Link 数据库及其检索

4.2.1　概述

Springer Link 数据库由世界上著名的科技出版集团德国施普林格出版社建立。该数据库中的文献按文献类型有全文期刊、图书、科技丛书和参考工具书等，内容涉及建筑和设计、行为科学、生物医学和生命科学等 13 个学科。Springer Link 数据库的内容类型、学科分类和对应的文献量如表 4-4 所示。

表 4-4　Springer Link 数据库的内容类型、学科分类和对应的文献量（2010-1-13 统计）

内 容 类 型	文献量/篇	学 科 分 类	文献量/篇
所有内容类型	4 671 841	建筑和设计	3 350
出版物	39 683	行为科学	72 058
期刊	2 227	生物医学和生命科学	981 228
丛书	1 090	商业和经济	131 900
图书	36 367	化学和材料科学	689 784
参考工具书	163	计算机科学	357 383
protocols	19 772	地球和环境科学	241 818
		工程学	217 640
		人文、社科和法律	223 428
		数学和统计学	309 246
		医学	884 577
		物理和天文学	542 087
		计算机职业技术与专业计算机应用	9 024

4.2.2　检索方法

Springer Link 数据库提供了"快速检索"、"浏览检索"和"高级检索"三种检索方式。

1. 快速检索

Springer Link 数据库首页如图 4-7 所示。系统默认的为"快速检索"界面，可以直接在输入框中输入检索词，点击 即完成检索。

2. 浏览检索

Springer Link 数据库的浏览检索提供了按学科浏览和按文献类型浏览。用户选择自己需要或感兴趣的学科进行浏览。如点击图 4-7 中的"Chemistry"，就会浏览到有关化学科学方面的文献检索结果了，如图 4-8 所示，点击"download PDF"就可以看到全文。

图 4-7　Springer Link 数据库首页

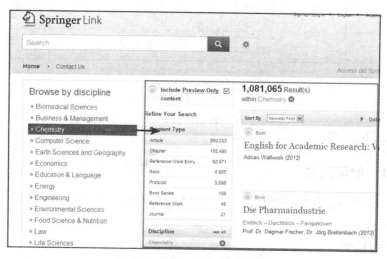

图 4-8　按学科进行浏览检索

按文献类型浏览：数据库提供了"Journal"（期刊）、"Book"（电子图书）、"Book Series"（电子丛书）、"Protocol"（实验室指南）和"Reference Work"等（电子参考工具书）文献类型的浏览，如点击"Journal"→"Computer Science"，就可以浏览计算机方面的期刊了，如图 4-9 所示。

3. 高级检索

点击"Advanced Search"，即进入高级检索界面，如图 4-10 所示。

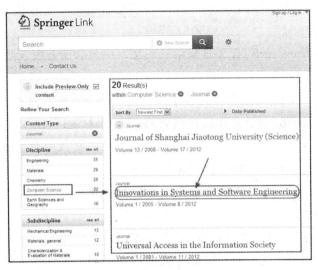

图 4-9　按文献类型进行浏览检索

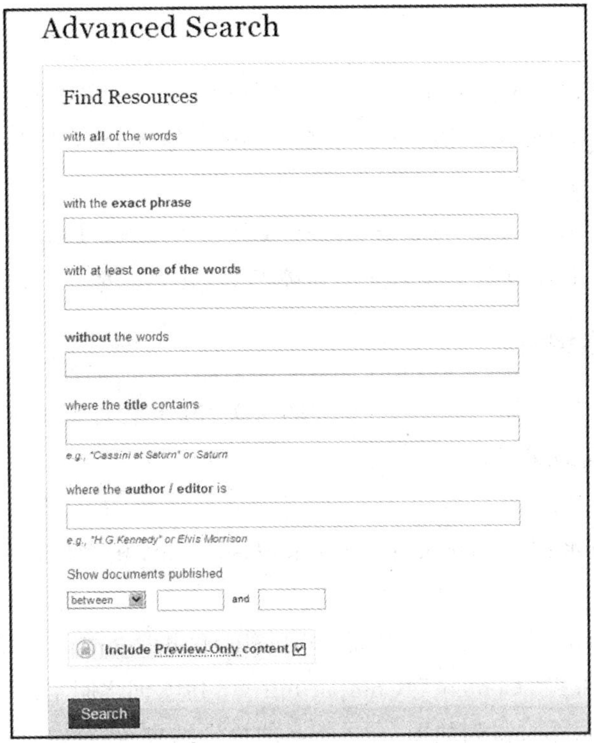

图 4-10　Springer Link 数据库高级检索界面

高级检索有4种题名匹配方式,用户可根据自己的需要在检索时自由地选择任一种匹配方式。

with all of the words:含义是检索到的文章中包含所有输入的检索词,相当于布尔逻辑中的"AND"。

with the exact phrase:含义是检索到的文章中包含所有输入的检索词组且检索词组之间没有间隔,即没有插入其他的词,相当于精确匹配。

with at least one of the words:含义是检索到的文章中包含至少一个输入的检索词即可,相当于布尔逻辑中的"OR"。

without the words:含义是检索到的文章中不包含输入的检索词,相当于布尔逻辑中的"NOT"。

检索时,在选择的检索字段下面的输入框内输入检索词。不同的检索字段可单独使用,也可组合使用。可以限定文献的出版时间范围和检索结果的排序方式(有按相关性排序和按出版日期排序两种排序方式)。

小贴士

DOI(digital object identifier,数字对象标识符)是一套识别数位资源的机制,包括的对象有视频、报告或书籍等。它既有一套为资源命名的机制,也有一套将识别号解析为具体位址的协定。

一个DOI经过解析后,可以连至一个或更多的资料。DOI实际应用上大多透过网站解析。有关DOI的更多知识见本章后的"视野扩展"。

4.2.3 检索案例

例 检索2010年至2016年间发表的有关"减水剂与水泥相容性研究"方面的文献。

检索步骤如下。

(1)翻译:减水剂,superplasticizer;水泥,cement;相容性,compatibility。

Springer Link
数据库检索

如图4-11所示,在高级检索界面"with all of the words"下面的输入框中,输入"Superplasticizer""Cement""Compatibility",检索词之间空一格。

(2)点击"Search",得到如图4-12所示的检索结果。

(3)点击"Download PDF"按钮,可以下载或打开全文了,如图4-13所示。

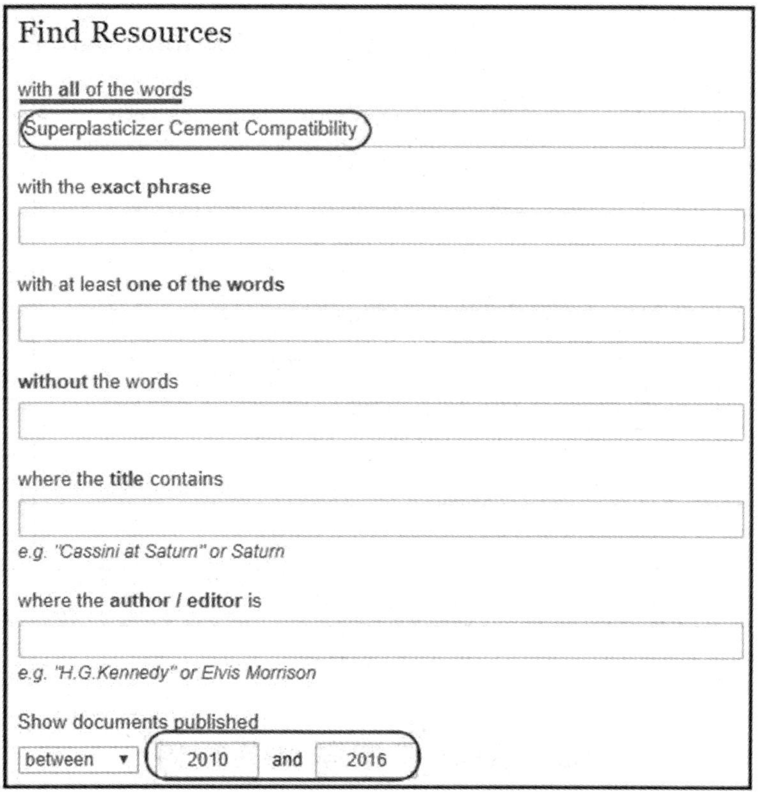

第 4 章　外文全文型数据库及其检索

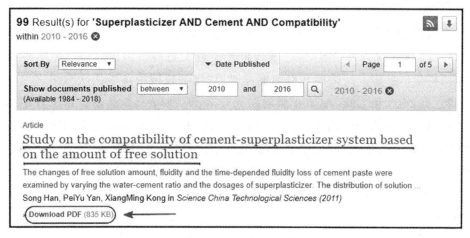

图 4-11　Springer Link 数据库高级检索界面检索词输入方法

图 4-12　得到检索期刊刊名

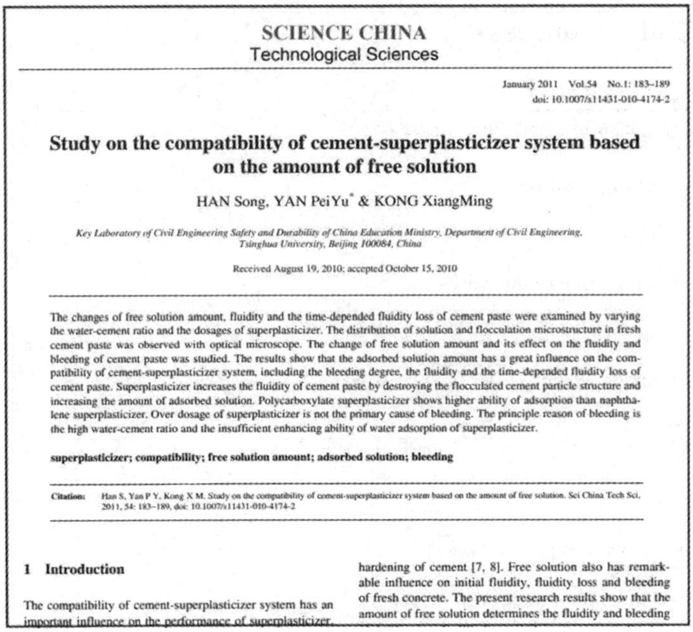

SCIENCE CHINA
Technological Sciences

January 2011 Vol.54 No.1: 183–189
doi: 10.1007/s11431-010-4174-2

Study on the compatibility of cement-superplasticizer system based on the amount of free solution

HAN Song, YAN PeiYu* & KONG XiangMing

Key Laboratory of Civil Engineering Safety and Durability of China Education Ministry, Department of Civil Engineering, Tsinghua University, Beijing 100084, China

Received August 19, 2010; accepted October 15, 2010

The changes of free solution amount, fluidity and the time-depended fluidity loss of cement paste were examined by varying the water-cement ratio and the dosages of superplasticizer. The distribution of solution and flocculation microstructure in fresh cement paste was observed with optical microscope. The change of free solution amount and its effect on the fluidity and bleeding of cement paste was studied. The results show that the adsorbed solution amount has a great influence on the compatibility of cement-superplasticizer system, including the bleeding degree, the fluidity and the time-depended fluidity loss of cement paste. Superplasticizer increases the fluidity of cement paste by destroying the flocculated cement particle structure and increasing the amount of adsorbed solution. Polycarboxylate superplasticizer shows higher ability of adsorption than naphthalene superplasticizer. Over dosage of superplasticizer is not the primary cause of bleeding. The principle reason of bleeding is the high water-cement ratio and the insufficient enhancing ability of water adsorption of superplasticizer.

superplasticizer; compatibility; free solution amount; adsorbed solution; bleeding

Citation: Han S, Yan P Y, Kong X M. Study on the compatibility of cement-superplasticizer system based on the amount of free solution. Sci China Tech Sci, 2011, 54: 183–189, doi: 10.1007/s11431-010-4174-2

1 Introduction

The compatibility of cement-superplasticizer system has an important influence on the performance of superplasticizer.

hardening of cement [7, 8]. Free solution also has remarkable influence on initial fluidity, fluidity loss and bleeding of fresh concrete. The present research results show that the amount of free solution determines the fluidity and bleeding

图 4-13 查看全文

4.3 ACS 数据库及其检索

4.3.1 概述

美国化学会(American Chemical Society, ACS)成立于 1876 年,目前拥有 155 000 多名国内外会员,现已成为世界上最大的科技协会之一。ACS 的期刊被美国科学信息研究所的期刊引用报告评为“化学领域中被引用次数最多之化学期刊”。到 2009 年为止,ACS 出版的期刊有 37 种,如表 4-5 所示。每一种期刊都可以回溯检索到期刊的创刊卷,最早的到 1879 年。ACS 出版的期刊内容涵盖生化研究方法、药物化学、有机化学、普通化学、环境科学、材料学等 24 个主要的学科领域。ACS 数据库主要有以下六个方面的特点。

(1)可在第一时间内查阅到被作者授权发布、未正式出版的最新文章(Articles ASAP)。

(2)用户也可定制 E-mail 通知服务,以了解最新的文章收录情况。

(3)ACS 的 Article References 可直接链接到 Chemical Abstracts Services

(CAS)的资料记录,也可与SciFinder Scholar、PubMed、Medline、GenBank等数据库相链接。

(4)在HTML格式的原文引用处可以直接查看参考文献。

(5)具有增强图形功能,含3D彩色分子结构图、动画、图表等;全文有HTML和PDF两种格式可供选择。

(6)可以浏览某种期刊被阅读最多的20篇文章和被引用最多的20篇文章。

表4-5 ACS出版的期刊(2009年)

期刊英文名	期刊中文名
Accounts of Chemical Research	化学研究报告
ACS Applied Materials & Interfaces	ACS应用材料与界面
ACS Chemical Biology	ACS化学生物学
ACS Chemical Neuroscience	ACS化学神经科学
ACS Nano	ACS纳米
Analytical Chemistry	分析化学
Biochemistry	生物化学
Bioconjugate Chemistry	结合物化学
Biomacromolecules	生物高分子化学
Chemical & Enigeering News	化学化工新闻
Chemical Research in Toxicology	毒物化学研究
Chemical Reviews	化学评论
Chemistry of Materials	材料化学
Crystal Growth & Design	晶体生长与设计
Energy & Fuels	能源和燃料
Environmental Science & Technology	环境科学和技术
Industrial & Engineering Chemistry Research	化工研究
Inorganic Chemistry	无机化学
Journal of Agricultural and Food Chemistry	农业化学和食品化学
Journal of the American Chemical Society	美国化学会志

续表

期刊英文名	期刊中文名
Journal of Chemical & Engineering Data	化工数据
Journal of Chemical Information and Modeling	化学信息建模
Journal of Chemical Theory and Computation	化学理论与计算
Journal of Combinatorial Chemistry	组合化学
Journal of Medicinal Chemistry	药物化学
Journal of Natural Products	天然产物
The Journal of Organic Chemistry	有机化学
The Journal of Physical Chemistry A&B&C	物理化学A、B、C
The Journal of Physical Chemistry Letters	物理化学快报
Journal of Proteome Research	蛋白质组研究
Langmuir	朗缪尔
Macromolecules	高分子
Molecular Pharmaceutics	分子药剂学
Nano Letters	纳米快报
Organic Letters	有机物快报
Organic Process Research & Development	有机物进展研发
Organometallics	有机金属

4.3.2 检索方法

进入美国化学会ACS数据库的主页,该数据库提供"期刊浏览"和"快速检索"两种检索方式,如图4-14所示。

1. 期刊浏览

在主页上点击"Publications"(出版物),或点击"List View"(资源列表),或直接点击感兴趣的期刊的封面,即可进入期刊浏览界面,如点击期刊JACS的封面,即可进入该期刊的浏览界面,如图4-15所示。

在具体期刊的浏览界面中,系统提供了以下功能。

List of Issues:本期刊以前出版的过刊浏览。用户可以通过选择年代、选择卷号、选择期数来限定具体检索期刊的某一篇论文。如要查看JACS期刊2018年140卷第50期论文,点击"List of Issues"→选择"2010s"→点击"2018"→点击

第 4 章　外文全文型数据库及其检索

图 4-14　ACS 数据库首页

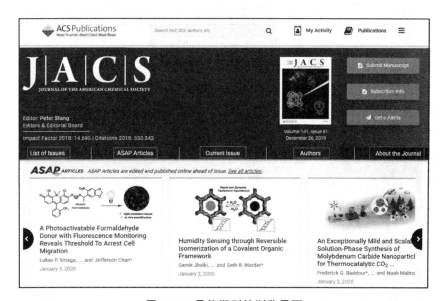

图 4-15　具体期刊的浏览界面

"Vol. 140 Issue 50",如图 4-16 所示。

ASAP Articles：浏览本期刊 ASAP 文章。ASAP 是指在第一时间内查阅到被作者授权发布、尚未正式出版的最新文章。

Current Issue：浏览本期刊最新一期目次。

Authors：本期刊作者信息。

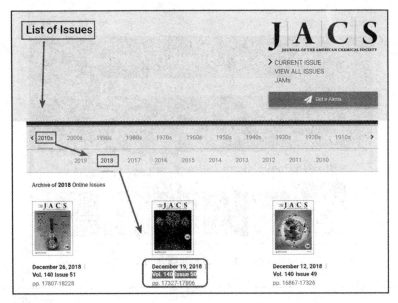

图 4-16　浏览以前的期刊论文

About the Journal：本期刊简介。

2. 快速检索

首页右上角是快速检索区，可以通过"publications"、"articles"、"authors""dois"、"keywords"以及"citations"来查找文献。

publications：可进行出版物查询。

articles：可进行文章查询。

authors：可进行作者查询。

dois：可以进行论文的 DOI 检索。

citations：可以进行论文的引用情况检索。

3. 检索说明

(1) 布尔逻辑运算符。

A and B and C 等同于 A B C。

A or B or C 表示至少含有 A、B、C 其中一个字段。

A not B 表示排除特定字段 B。

(2) 词组检索。

"A B"，精确地检索某个特定词组 A B，即 A 与 B 永远在一起。

(3)截词检索。

截词符"*"代表零或多字符,如"cata*"可以检索到"catalysis""catalyzed"等。

截词符"?"只代表一个字符,如"palla?ium",可以检索到"palladium"。

4. 个性化服务

ACS数据库还提供个性化服务。点击数据库右上角"Log In"进行注册,ACS数据库可以提供个性化服务。

(1)"E-mail Alerts"(电子邮件提醒服务)。

通过电子邮件接收到期刊的新期目录信息、最新在线出版的ASAP文章信息,以及特定文章被引用的信息(需要用户注册后才可以使用)。

(2)"Saved Searches"(保存检索式)。

在检索结果界面中可将本次使用的检索式保存下来以便重新使用。

(3)"Favorite Articles"(收藏喜爱的文章)。

可在文摘页或HTML全文页中将文章添加到收藏夹。

(4)"Recommended Articles"(文章推荐服务)。

系统会根据用户的阅读历史自动向其推荐相关文章。

(5)"Edit Profile"(更改用户的账户注册信息)。

(6)"RSS"(新闻组订阅)。

用户可通过自己的RSS阅读器随时跟踪期刊最新出版动态。

4.3.3 检索案例

例 利用ACS数据库,检索"可充电式的锂离子电池材料"方面研究的情况。

检索步骤:分析课题,找出核心检索词,为"可充电"和"锂离子电池",而"材料"作为高频词,不作为检索词。

翻译:"可充电的"→"rechargeable",为防止漏检,可以进行截词检索,如可检索"Recharg*";"锂离子电池"→"lithium ion battery",作为词组进行检索,加双引号"lithium ion battery"。

打开ACS数据库主页,在快速检索输入框中输入 Recharg* "lithium ion battery",如图4-17所示。

点击 ,就可以检索到相关的文献了,如图4-18所示。

查看左边"ARTICLE TYPE"栏,可以查看综述文献"Review Article",了解该

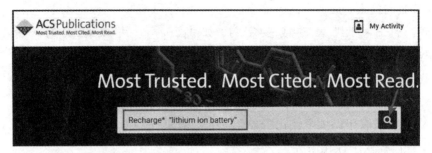

图 4-17　ACS 数据库快速检索界面检索词输入方法

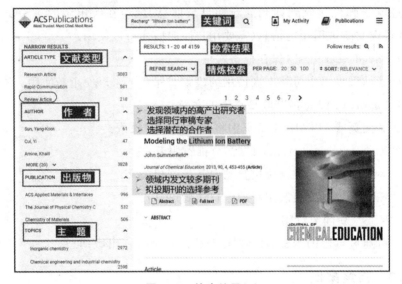

图 4-18　检索结果(8)

课题的学术前沿等信息。

查看左边"AUTHOR"栏,可以发现领域内的高产出研究者,选择同行审稿专家,选择潜在的合作者等。

查看左边"PUBLICATION"栏,可以了解领域内发文较多的期刊,做拟投期刊的选择参考。

查看左边"TOPICS"栏,可以了解与该课题相关的热点关键词。

点击"REFINE SEARCH",进行精炼检索,可进一步缩小检索范围,如输入的检索词是出现在"Anywhere""Title""Author""Abstract"中,还是"Figure/Table Caption"中,如图 4-19 所示。

ACS 数据库提供了在线阅读原文和下载 PDF 文档原文功能。

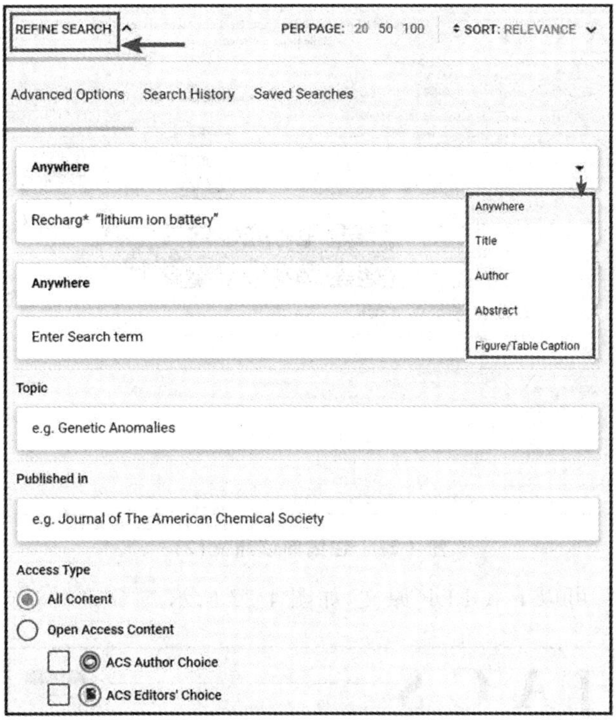

图 4-19　精炼检索

直接点击论文篇名,即可在线阅读原文,并可通过在文章引用处直接点击引用标注来浏览参考文献,如图 4-20 和图 4-21 所示。

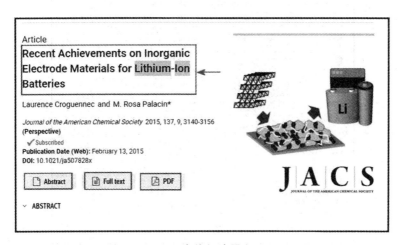

图 4-20　在线阅读原文(1)

图 4-21　在线阅读原文(2)

点击"PDF",可以下载 PDF 原文,如图 4-22 所示。

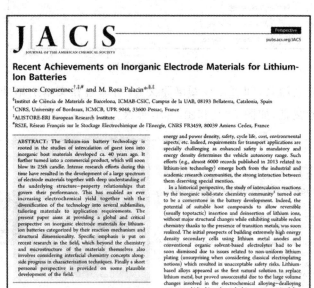

图 4-22　PDF 原文

视野扩展

DOI——开放联合,有效促进信息资源共享

1. 什么是 DOI?

DOI 的全称为 digital object identifier,意为数字对象标识符,是一组由数字、字母或其他符号组成的字符串。DOI 系统建立的主要原因是在迅速变化的电子出版世界中,电子文档的位置变化频繁,需要提供一种技术,以保证即使被链接的版权所有者的出版时间和地点发生了变化,其标识符也仍然能保持一种持久性。因此,DOI 系统提供了一种标识途径,为读者或用户将相关的资料链接在一起。

DOI 是一种唯一的、永久性的逻辑标识符。它能唯一地标识网络环境下的任意数字对象(如文本、图片、声音、影像、软件等),一经产生和分配就永久不变,不随其所标识对象属性(如版权所有者、存储地址等)的改变而改变。

DOI 包括四个组成要素,即标识符、元数据、解析系统和规则,能够提供数字对象与其元数据,以及数字对象与数字对象(逻辑上相关)之间具体物理位置的链接。DOI 分为前缀和后缀两个部分,中间用斜杠分开。前缀由识别符管理机构指定,后缀由出版机构自行分配。如吴元欣教授在超临界甲醇方面研究的一篇论文的 DOI 为"10.1021/ef8005299",可以在网站 http://dx.doi.org 进行 DOI 查询(前提是本单位购买了含该篇论文的全文型数据库)。

DOI 的命名结构使每个数字资源在全球具有唯一的标识。不同于 URL,DOI 是数字资源的名称,与地址无关,是信息的数字标签和身份证。有了它,信息具有了唯一性和可追踪性。

2. DOI 的作用

DOI 的应用促进建立了开放式的知识链接服务体系,即实现了从二次文献直接链接到全文和从所引用的参考文献获取被引文献的双向链接。这样,不同出版商提供的数字文献信息资源通过 DOI 实现了相互引证,并有机地联系在一起,为用户提供一站式知识链接服务,扩大了整个行业的服务规模,并提升了服务质量。

(1)对出版商:改变了原来传统的出版方式与出版技术,将纸质出版物转化为电子出版物,并将其加入开放式链接服务体系中,达到扩大其资源使用范围,使资源充分得到利用、传播的目的,提高其出版物的市场竞争力。

(2)对二次文献出版商:通过统一的接口标准,实现二次文献型数据库与全文型数据库的链接。

(3)对最终用户:通过 DOI 协议及服务,广大用户不再局限于从单一信息提供商那里获取"文摘"与"全文"的信息服务,而是从单一入口即可获得不同类型的信息资源服务。

思考题

1. 写出 EBSCO 数据库检索字段的代码、名称及含义。

2. 写出 EBSCO 数据库常用限制结果项及限制功能。

3. 写出 EBSCO 数据库"限制结果"中指定的文献类型及中文含义。

4. 写出 Springer Link 数据库中构建检索表达式对话框中各种符号的含义和功能。

5. 如何在 Springer Link 数据库中进行期刊浏览?

6. 简述 ACS 数据库中三种查看全文格式的功能。

7. 简述 ACS 数据库中,期刊浏览界面中"List of Issues"、"ASAP Articles"、"Current Issue"、"Authors"和"About the Journal"的功能。

8. 利用 EBSCO 数据库,查出一篇发表在 *Journal of Structured Finance* 期刊上,且题目中含有"次贷危机",并有全文的一篇期刊论文,写出篇名、作者、年、卷、期。

9. 检索武汉大学熊晓鹏老师被 ACS 数据库收录的一篇期刊论文,写出篇名、刊名、年、卷、期、起止页码。

第 5 章　专利文献及其检索

在知识产权制度日趋国际化、经济全球化的今天,专利文献可以为我们的技术难题提供解决方案,为技术方向分析提供权威、可靠并具有法律意义的数据。因此,专利文献在科研、生产、经营及贸易等诸多活动过程中的作用越来越突出和重要。本章介绍专利的基础知识及中国、美国和欧洲专利文献的检索。

5.1　专利及专利文献基础知识

专利(patent)是受专利法保护的发明创造,即国家专利主管机构依法授予专利权人在一定期限内,对该发明享有专有权。专利的核心部分是专利权,专利的特性为专有性、时间性和地域性。

5.1.1　专利文献的特点

专利文献是指专利申请文件经国家主管专利的机构依法受理、审查合格后,定期出版的各种官方出版物的总称。我国的专利文献,从狭义上讲是指由国务院专利行政部门公布的专利说明书和权利要求书;从广义上讲还包括说明书摘要、专利公报以及各种检索工具书、与专利有关的法律文件等。专利文献主要有以下四个方面的特点。

1. 数量巨大、内容广博

专利文献几乎涵盖了人类生产的全部技术领域,涉及领域之广是其他科技文献所无法比拟的。截至 2017 年底,全球大约有 1 360 万件有效专利,专利文献对于及时了解各个技术领域的最新发展水平是很有价值的。

2. 集技术、法律、经济等信息于一体

专利文献记载技术解决方案,确定专利权保护范围,披露专利权人、注册证书所有人权利变更等法律信息。同时,依据专利申请、授权的地域分布,可分析专利技术销售规模、潜在市场、经济效益及国与国之间的竞争范围。

3. 技术新颖

首先,大多数国家专利局采用先申请制原则,促使申请人在发明完成之后尽快提交申请,以防他人"捷足先登";其次,由于新颖性是授予专利权的首要条件,因此,技术新颖的发明创造多以专利文献而非其他科技文献形式公布于众。

4. 格式统一、形式规范

各国出版的专利说明书文件结构大致相同,均包括扉页、权利要求、说明书、附图等内容。专利文献均采用或标注国际专利分类(IPC)划分发明所属技术领域,从而使各国的发明创造融为一体,成为便于检索的、系统化的科技信息资源。

5.1.2 专利文献的作用

据欧洲专利局 2004 年统计,世界上 80%以上的科技信息首先在专利文献中出现。善于利用专利文献,可减少 60%的研发时间和 40%的科研经费。在知识产权制度日趋国际化、关税壁垒逐渐拆除、经济全球化的今天,专利文献在科研、生产、经营及贸易等诸多活动中的作用越来越突出和重要。

1. 专利检索

一方面,一项新发明在申请专利之前,需进行专利检索,以便更清楚地了解该发明是否具有新颖性和创造性,从而对是否申请专利做出决策。另一方面,有了创新成果,必须用专利手段通过专利检索、查询、确认、申请专利后,才能使发明或创新安全地进入市场,产生财富,并获得有力的法律保护。

2. 侵权检索

任何一个单位或个人在从事新课题的研究之前,应当查阅专利文献,了解是否有侵权的危险,避免盲目从事。另外,企业在向国外出口产品时,应该进行专利文献检索,以判断是否会造成侵权。还有,当被控告侵犯他人专利权时,也应对有关的专利文献进行仔细研究,以判断是否真的侵权。

3. 开发新产品、解决技术问题检索

专利文献记载着技术发明的详细内容,是很有价值的技术信息,是研究高新技术和开发新产品的重要依据。通过专利检索,可以知道人们现在已解决了的问题,运用和借鉴已有成果,避免重复研究,少走弯路;同时,也可发现他人存在的不足,以便对其进行改进和发展。

4. 技术引进前的检索

在技术引进工作中,对拟引进的技术或设备,应通过专利文献检索了解有关技术的先进程度,是哪个年代的水平,是否申请了专利,专利权是否有效等,以便切实掌握情况,避免上当吃亏。

5. 技术评估与预测的检索

通过检索专利文献,可了解和掌握国内外科技发展水平和动态,这对技术攻关项目和方向的确定、科研课题的立项和开题来说,是不可缺少的程序。把同一技术领域不同时间的专利信息联系起来进行分析研究,可了解该技术领域的现状与发展动向,有助于找到新技术的突破口,决定相应对策。

6. 市场预测的检索

查阅专利文献还可以了解有关专利的拥有者及有关国家、地区、经济实体的技术储备状况,分析和研究市场趋势,洞察市场未来走向,以便为决定开展哪些业务活动,开拓或将要开拓哪些新市场,提供技术信息和依据,帮助企业进行经营决策。

> **小贴士**
>
> 2002年初,由东芝、松下、JVC、三菱电机、日立、时代华纳6家公司组成的6C联盟向中国100多家企业索要DVD播放机专利使用费,要求每出厂1台DVD播放机就向专利权人付4.5美元,并规定支付专利使用费期限为2002年3月1日。1996年8月,日本索尼公司推出了世界第一台DVD播放机。聪明的日本人,很快制定了相应的国际标准,并及时申请了各项专利,逐渐构筑起了自我保护的技术壁垒。而中国从1996年到2001年逐渐发展成为世界上最大的DVD播放机生产国,但是中国DVD播放机生产企业忽视技术保护,没有及时申请相关专利,造成6C联盟索要DVD播放机专利使用费。中国电子音响行业协会在2002年4月19日与6C联盟达成协议,国内公司每出口一台DVD播放机将向6C联盟支付4美元的专利使用费。

5.1.3 专利文献的分类

各国都有自己的专利分类法,各自采用的分类原则、分类体系和标识符号都不相同,按各种不同的专利分类表进行检索极为不便。目前,大多数国家都已废弃本国的专利分类表,改用《国际专利分类表》规定的分类法。

《国际专利分类表》1968年正式出版并使用,每五年修订一次,以适应新技术发展的需要。在使用《国际专利分类表》时,要用与所查专利年代相应的分类表版本。如检索1993年的专利文献,要使用第五版分类表。《国际专利分类表》被简写成"Int. Cl.",并且将它加在所有的根据分类表分类的专利文献的分类号前面。IPC采用功能(发明的基本作用)和应用(发明的用途)相结合,以功能为主的分类原则。

IPC采用等级形式,将技术内容按部(section)、分部(subsection)、大类(class)、小类(subclass)、主组(main group)、分组(subgroup)逐级分类,形成完整的分类体系。IPC将全部科学技术领域分成8个部,分别用A~H中的一个大写英文字母表示。

A部:人类生活必需。

B 部:作业;运输。

C 部:化学;冶金。

D 部:纺织;造纸。

E 部:固定建筑物。

F 部:机械工程;照明;加热;武器;爆破。

G 部:物理。

H 部:电学。

分部只有标题,没有类号。如 B 部下设有分离和混合、成型、印刷、交通运输四个分部。

每一个大类的类号由部的类号及在其后加上两位阿拉伯数字组成,如 B02、D03 等。大类下设小类,每一个小类类号由大类类号加一个英文字母组成,但 A、E、I、O、U、X 六个字母不用。

每一个小类细分成许多组,包括主组和分组。主组类号由小类号加上 1~3 位数字,后再加/00 来表示,如 F01N3/00。分组类号由主组类号加上一个除 00 以外的至少有两位的数组成,即用斜线后面的 2~5 位数字表示。分组是主组的展开类目。但斜线后的数字在分类表中不表示任何进一步细分类的等级关系。

国际专利分类号由五级号组成,五级以下的各级分组,类号按顺序制编号,其类目的级别用类名前的圆点"·"表示。下面是一个完整的 IPC 分类号:F04D29/30。

5.1.4 授予专利权的条件

(1)不违反国家法律、社会公德,不妨害公共利益。

(2)专利法规定的不授予专利权的内容或技术领域:①科学发现;②智力活动的规则和方法;③疾病的诊断和治疗方法;④动物和植物品种;⑤用原子核变换方法获得的物质;⑥对平面印刷品的图案、色彩或者二者的结合做出的主要起标识作用的设计。

(3)授予专利权的发明和实用新型,应当具备新颖性、创造性和实用性。新颖性是指在申请日以前没有同样的发明创造在国内外出版物上公开发表过,没有在国内公开使用过或者以其他方式为公众所知,也没有同样的发明创造由他人向国家知识产权局提出过专利申请,并记载在申请日以后公布的专利申请文件中;创造性是指同申请日以前已有技术相比,该发明有突出的实质性特点和显著的进步,该实用新型有实质性特点和进步;实用性是指该发明或者实用新型能够制造或者使用,并且能够产生积极效果。

(4)授予专利权的外观设计,应当同申请日以前在国内外出版物上公开发表过或者国内公开使用过的外观设计不相同和不相近似,并不得与他人在申请日以前取得的合法权利相冲突。

5.2 中国专利文献知识

5.2.1 中国专利的类型

从被保护的发明创造的实质内容来看,专利的种类包括发明专利、实用新型专利和外观设计专利三种。

1. 发明专利

发明是指对产品、方法或其改进所提出的新的技术方案,是较高水平的新技术发明。发明专利权期限为20年,自申请日起计算。

2. 实用新型专利

实用新型是指对产品的形状、构造或其结合提出的适于实用的新的技术方案,也称为小发明。实用新型专利权期限为10年,自申请日起计算。

3. 外观设计专利

外观设计是指对产品的形状、图案或者其结合,以及色彩与形状、图案的结合所做出的富有美感并适于工业上应用的新设计。外观设计专利权期限为10年,自申请日起计算。

5.2.2 中国专利文献的编号

中国专利文献编号体系包括以下六种。

(1)申请号——在提交专利申请时给予的一个标识号码。

(2)专利号——在授予专利权时给予该专利的一个标识号码。

(3)公开号——对发明专利申请公开说明书的一个标识号码。

(4)审定号——对发明专利申请审定说明书的一个标识号码。

(5)公告号——对实用新型专利申请说明书的一个标识号码,或对公告的外观设计专利申请说明书的一个标识号码。

(6)授权公告号——对发明专利说明书的一个标识号码,对实用新型专利说明书的一个标识号码,或对公告的外观设计专利的一个标识号码。

中国专利文献的编号体系分为四个阶段:1985—1988年为第一阶段;1989—1992年为第二阶段;1993—2004年6月30日为第三阶段;2004年7月1日以后为第四阶段。第四阶段的具体编号如表5-1所示。

表 5-1　2004 年 7 月 1 日以后的编号体系(第四阶段)

专利申请类型	专利文献编号			
	申请号	公开号	授权公告号	专利号
发明	200310102344.5	CN100378905A	CN100378905B	ZL200310102344.5
指定中国的发明专利的国际申请	200380100001.3	CN100378906A	CN100378906B	ZL200380100001.3
实用新型	200320100001.1	—	CN200364512U	ZL200320100001.1
指定中国的实用新型专利的国际申请	200390100001.9	—	CN200364513U	ZL200390100001.9
外观设计	200330100001.6	—	CN300123456S	ZL200330100001.6

中国专利申请量急剧增长,原来申请号中的当年申请的顺序号部分只有 5 位数字,最多只能表示 99 999 件专利申请,当申请量超过 100 000 件时,就无法满足要求。于是,国家知识产权局不得不自 2003 年 10 月 1 日起,开始启用包括校验位在内的共有 13 位(其中的当年申请的顺序号部分有 7 位数字)的新的专利申请号及其专利号。事实上,2003 年发明和实用新型的年申请量均超过了 100 000 件。

为了满足专利申请量急剧增长的需要和适应专利申请号升位的变化,国家知识产权局制定了新的专利文献号标准,并且从 2004 年 7 月 1 日起启用新标准的专利文献编号。对此阶段的编号说明如下。

(1)三种专利的申请号由 12 位数字和 1 个圆点"."以及 1 个校验位组成,按年编排,如 200310102344.5。其前四位表示申请年份;第五位数字表示要求保护的专利申请类型:1——发明专利,2——实用新型专利,3——外观设计专利,8——指定中国的发明专利的 PCT 国际申请,9——指定中国的实用新型专利的 PCT 国际申请;第六位至第十二位数字(共 7 位数字)表示当年申请的顺序号,然后用一个圆点"."分隔专利申请号和校验位;最后一位是校验位。

(2)自 2004 年 7 月 1 日开始出版的所有专利说明书文献编号均由表示中国国别代码的字母串 CN 和 9 位数字以及 1 个字母或 1 个字母加 1 个数字组成。其中,字母串 CN 以后的第一位数字表示要求保护的专利申请类型:1——发明专利,2——实用新型专利,3——外观设计专利。在此应该指出的是"指定中国的发明专利的 PCT 国际申请"和"指定中国的实用新型专利的 PCT 国际申请"的文献号不再另行编排,而是分别归入发明专利和实用新型专利一起编排;第二位至第九位数字为流水号,三种专利按各自的流水号序列顺排,逐年累计;最后一个字母表示专利的法律状态。

小贴士

中国专利数据库常用字段的名称及说明

中国专利数据库常用字段的类型可分为号码型、日期型、与人有关型三种,各种字段的名称及说明如下。

一、号码型

(1)申请号:专利申请时产生的号码,由八位数字+计算机校验码组成,前两位为申请年度,第三位为专利类型,后五位为顺序号,例如 98234992.0。

一般系统只容许输入八位数字,所以在专利检索时不需要考虑校验码,可模糊检索。

(2)专利号:授权时产生的号码,ZL+申请号。

例如 ZL98234992.0,输入时不需要考虑校验码和 ZL。

(3)公开号:发明专利申请公开说明书号码,CN+7 位数字+1 个英文字母。

例如 CN1976987A,在专利检索时不输入英文字母。

(4)(授权)公告号:专利说明书号码,与公开号相同。

例如 CN18967543C、CN2349064Y、CN3865793D,在 1993 年 1 月 1 日前为专利申请审定公告号。

(5)IPC 号:国际专利分类号。

例如 F01B05/27,可模糊检索。

(6)主 IPC 号:第一个分类号,与 IPC 相同,涉及两个以上类别。

二、日期型

(7)申请日:专利局受理专利申请的日期,由年、月、日组成,年为 4 位数字,其他为 1~2 位数字。

例如 2000.12.3,可模糊检索,可范围检索,例如"1999.10.1 to 2001.12.31";年月日之间的"."起模糊符的作用,同时省略字符串末尾的圆点。

(8)公开日:发明申请公开日期,与申请日相同。

(9)公告日:专利授权公告日期,与申请日相同。

(10)颁证日:颁发专利证书日期,与申请日相同。

三、与人有关型

(11)发明人或设计人:发明创造的完成者;自然人姓名可以是 1 人的,也可以是 2 人或 2 人以上的。

例如:E.阿莫曼、G.劳伦兹,可模糊检索,可逻辑检索。

(12)申请人或专利权人:发明创造的所有者;可以是自然人姓名,也可以是单位名称;可以是一人,也可以是数人。

例如:北京科讯电脑公司、河南计算机研究所。

(13)申请人地址:地址包括邮编,省名+邮编+地址。

例如:"北京 100088 海淀区 蓟门桥西土城路六号",可模糊检索。

(14)代理人:专利代理人,自然人姓名。

(15)代理机构:专利代理机构,单位名称。

(16)优先权项:要求优先权的,第一次申请的信息,包括申请国、申请号,2位英文字母+1组数字,其中英文字母为国别代码,数字为申请号。

例如 FR3846271,可模糊检索,但是国家代码不可省略。

(17)专利名称:发明创造名称。

可全文检索,检索词可以是字符串,也可以是单个词或词组,模糊检索。

(18)摘要:说明书摘要。

(19)主权项:权利要求书中的第一个权利要求,又称为独立权利要求。

四、其他

(20)说明书光盘号码:中国专利全文光盘数据库光盘号码;由4位数字组成,前两位表示年份,后两位为顺序号。

例如9701,一般不作为检索入口出现。

(21)中国专利范畴分类号:按照中国专利范畴分类表给出的分类号;2位数字+1个英文字母,2位数字为大类号,英文字母为小类号。

例如11B。

(22)国际申请:国际专利申请的申请号和申请日。申请号:PCT/受理国代码+申请年度/5位数的顺序号:年.月.日(申请日期)。

例如:PCT/SE95/00860:95.7.14。

(23)国际公布:国际专利申请的公开号、语种和公开日期;WO+公布年度/5位数字的顺序号 语种 年.月.日。

例如 WO96/02124 英 96.2.1。

(24)进入国家日期:国际专利申请进入中国的日期;年.月.日。

例如97.1.20。

(25)国别省市代码:国家代码、中国各省市代码。国别代码为2个英文字母,省市代码为2个数字(香港除外)。

例如:US(美国)、11(北京)。

5.3 中国专利文献检索

5.3.1 国家知识产权局网站

国家知识产权局(http://epub.cnipa.gov.cn/gjcx.jsp)收录了1985年以来所有的发明专利、实用新型专利和外观设计专利,并提供检索,可免费下载100页以内的专利说明书,为国内最权威的中国专利检索系统之一。

5.3.2 检索方法

国家知识产权局提供了公布(公告)号、公布(公告)日、专利文献出版日、申请号、申请日、申请(专利权)人、发明(设计)人、地址、分类号、名称、摘要/简要说明、专利代理机构、代理人、优先权、分案原申请、PCT进入国际阶段日、PCT申请数据、PCT公布数据等检索入口,如图5-1所示。

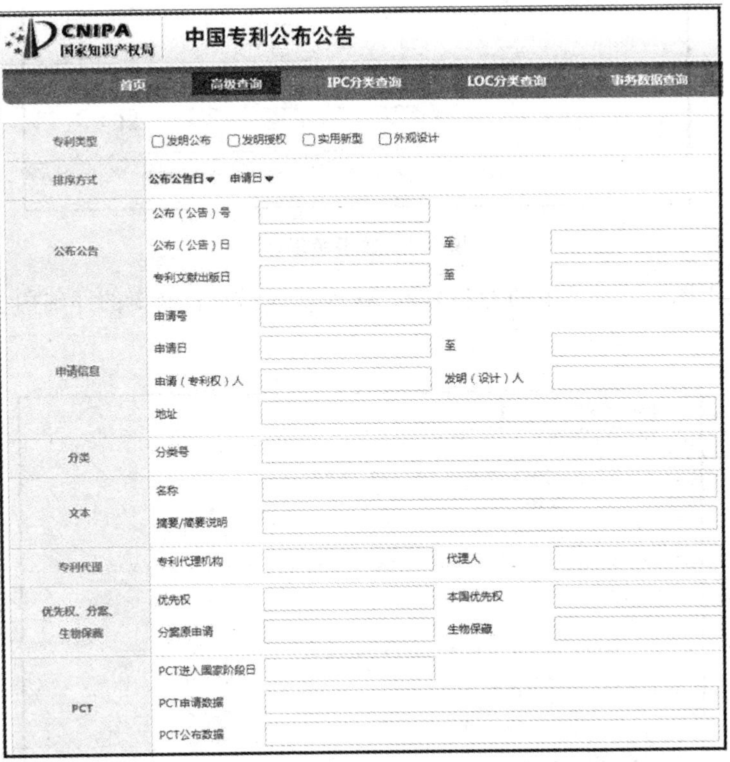

图5-1 检索输入方法

5.3.3 检索案例

例 1 查找一篇有关"一种银杏汁的提取方法"方面的文献。

中国专利文献
检索案例

检索步骤如下。

(1)打开国家知识产权局网站(http://epub.cnipa.gov.cn/gjcx.jsp)。

(2)分析课题。从课题中找出关键词,为"银杏汁""提取",然后在图 5-1 中相应的输入框中(名称)输入关键词。

注意:不要把整个检索课题"一种银杏汁的提取方法"全部输到输入框中,否则可能检索不到文献。记住只输入关键词,多个关键词之间用逻辑运算符相连,并且运算符前后各空一格。

(3)点击"检索"按钮就可以检索到相关的文献,如图 5-2 所示。

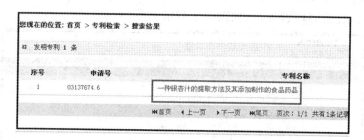

图 5-2 检索结果(9)

(4)点击图 5-2 所示中的专利名称,就可以得到专利摘要的详细内容,如图 5-3 所示。

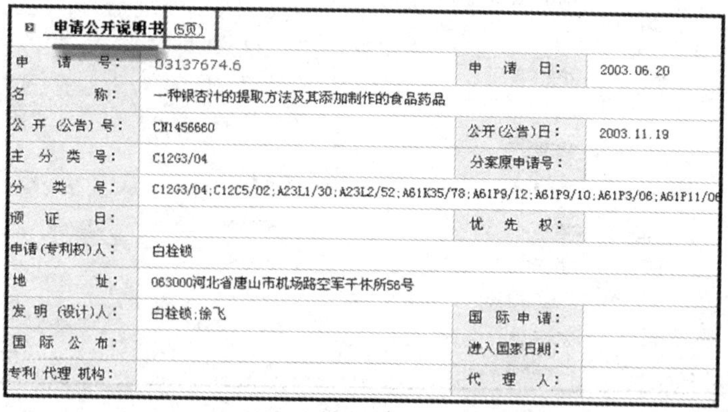

图 5-3 专利摘要的详细内容

(5)点击图5-3所示中的"申请公开说明书",按提示下载说明书浏览器,如图5-4所示。

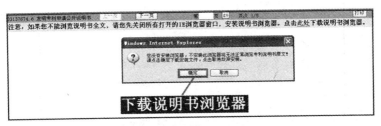

图5-4　下载说明书浏览器提示

(6)下载说明书浏览器并安装后,就可以浏览全文了,如图5-5所示。

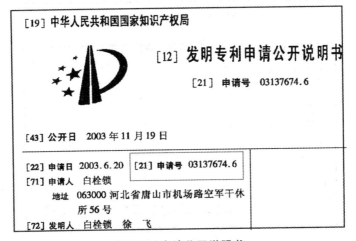

图5-5　申请公开说明书

小贴士

如果要查某个单位的专利申请情况,相应的输入框应该是"申请(专利权)人";如果是专利文献编号检索,一定要分清楚是什么编号,在哪个输入框内输入。

例2　查找一篇专利号为"ZL99101551.7"的文献。

检索步骤如下。

(1)打开国家知识产权局网站(http://epub.cnipa.gov.cn/gjcx.jsp)。

(2)分清专利编号的类别,"ZL99101551.7"为专利号,在"申请(专利)号"的输入框中输入专利号,如图5-6所示。

(3)点击"检索"按钮就可以检索到相关的文献了,如图5-7所示。

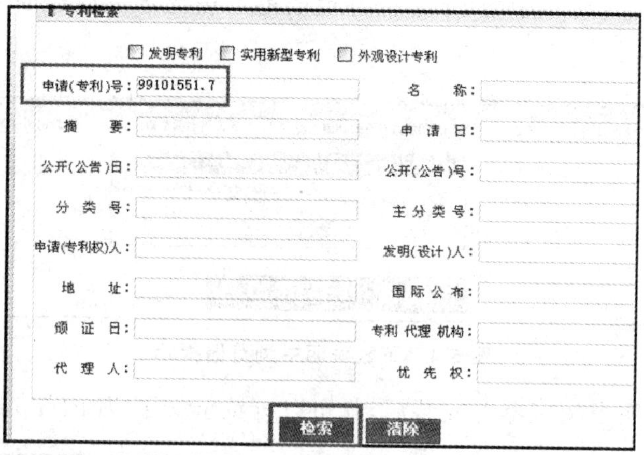

图 5-6 检索输入方法

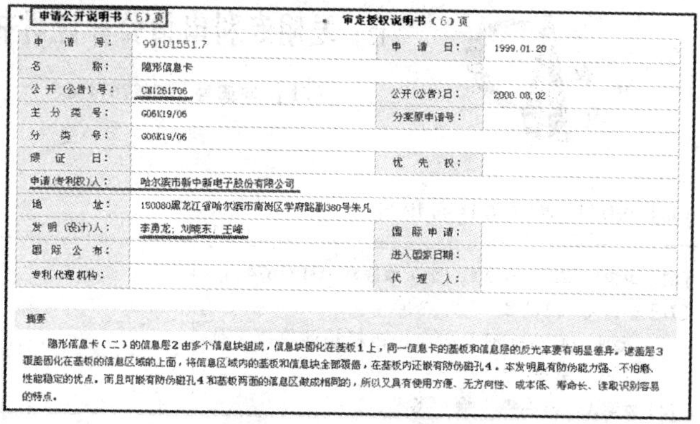

图 5-7 检索结果(10)

> **小贴士**
>
> 在利用中国知识产权局网站检索专利文献时,当光标移到任何一个输入框时,系统以红色字体显示该输入框对应检索字段的输入格式。

5.4 美国专利文献检索

5.4.1 美国专利商标局网站

美国专利商标局(United States Patent and Trademark Office ,USPTO)是美国政府参与的一个非商业性联邦机构,已有200多年的历史,主要服务内容是办理专利和商标,传递专利和商标信息。

为了方便用户快捷地获取美国专利文献,USPTO 在互联网上开设了网络数据库"Patent Full-Text and Full-Page Image Database"(专利全文和页面图像数据库),网址为:http://www.uspto.gov/patft/index.html。

在美国专利商标局网站上,可以免费检索美国 1790 年以来出版的所有授权的美国专利说明书扫描图形,其中 1976 年以后的专利说明书实现了全文代码化;可以免费检索 2001 年 3 月 15 日以来所有公开(未授权)的美国专利申请说明书扫描图形。数据库数据每周公开日(周二)更新,以补充最新的专利文献。

如图 5-8 所示,在美国专利商标局网站首页中,在左边一栏可检索授权的美国专利,在右边一栏可检索 2001 年以后申请(尚未授权)的美国专利。

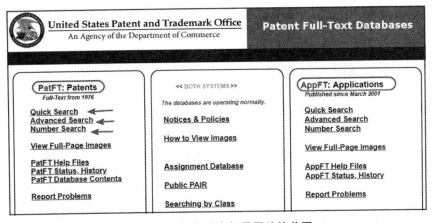

图 5-8　美国专利商标局网站的首页

5.4.2　检索方法

美国专利商标局网站提供了"Quick Search"(快速检索)、"Advanced Search"(高级检索)和"Number Search"(专利号检索)三种检索方式,根据课题已知条件来选择检索方式。

1. "Quick Search"(快速检索)

"Quick Search"是系统的基本检索,用户可以使用两个检索词在各自选择的字段内进行布尔逻辑组配检索。专利的文献著录项目如"Inventor Name"(专利发明人)、"Title"(专利名称)、"Abstract"(专利摘要)、"Patent Number"(专利号)、"Application Date"(申请日)等均可作为被检索的字段。这种方式可以在限定时间范围的情况下,对任意两个被检索字段进行逻辑"AND""OR""NOT"的任意组合。检索词输入时大小写随意,可使用右截词功能,即在检索词后加星号" * "来表示执行与前方一致检索。"*"代表任意数目的任意字符,如:"rad*"表示像"radar"、"radio"和"radish"等前方都为"rad"的单词能被搜索出来。

2. "Advanced Search"(高级检索)

当需要进行更为准确而复杂的检索时,可点击首页的"Advanced Search"图标,系统即切换到"Advanced Search"检索模式,如图5-9所示。高级检索界面包括两个部分:"Query"(检索式输入框)及其下方的"Field Code"(字段代码表)。高级检索允许用户直接在特定的字段内检索,并将检索要求(如字段限制、逻辑关系限制等)组成为一个检索式,检索式为"字段缩写/检索词"加上逻辑运算符。高级检索可以满足更多的检索要求。在高级检索界面可输入复杂的布尔逻辑检索式进行检索。字段缩写方法可参照"字段代码表"。

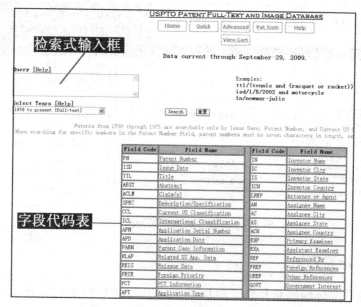

图5-9 美国专利高级检索界面

3. "Number Search"(专利号检索)

"Number Search"是在已知专利号的前提下查找专利说明书。采用该检索方式可快速检索到对应的美国专利。专利号检索对了解某公司专利技术信息和经贸谈判中获得最大利益方面,都有极大的作用。待查专利较多时,不同的专利号之间以空格分开(而不是逗号),同时,专利号前不能加"US"前缀。

查看说明书:点击"Search"按钮,进入专利的题录界面,点击题录界面的"Images"按钮,进入专利说明书界面。

第 5 章 专利文献及其检索

> 小贴士
>
> 为了获取图像扫描形式的专利说明书,首先需要在本地计算机上安装一个软件——interneTIFF(下载地址:http://www.internetiff.com)。

5.4.3 检索案例

美国专利文献
检索案例

例 1 已知某项美国专利的专利号为 US5219474,请检索该专利的详细相关信息。

检索步骤如下。

(1)进入美国专利商标局数据库网站(http://www.uspto.gov/patft/index.html),在首页左栏点击"Number Search"图标,进入专利号检索界面。

(2)在输入框中输入专利号"5219474"(输入时不加"US"前缀),如图 5-10 所示。

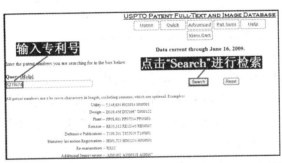

图 5-10 输入方法(1)

(3)点击"Search"按钮进行检索,检索到专利名称为"Liquid fire extinguishing composition"的美国专利,如图 5-11 所示。

图 5-11 专利题录信息(1)

111

(4)点击图 5-11 所示中的"Images"按钮,就可以获取专利说明书的原文了,如图 5-12 所示。

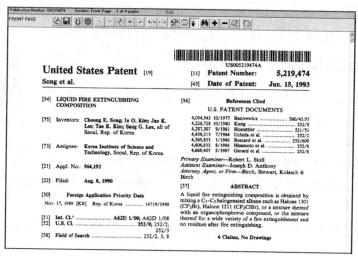

图 5-12 专利说明书的原文(1)

例 2 检索单步法煤流化工艺研究的专利文献。

检索步骤如下。

(1)先进行翻译:单步法,single-step;煤流化,coal liquefaction。

(2)点击"Quick Search"图标进入快速检索界面,在"Term1"框中输入"coal liquefaction",在"Term2"框中输入"single-step",都选择"Title"字段,逻辑运算符选择"AND",如图 5-13 所示。

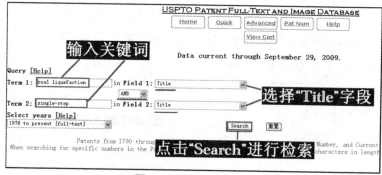

图 5-13 输入方法(2)

(3)点击"Search"按钮进行检索,得到检索结果,如图 5-14 所示。

(4)点击篇名,就可以看到题录信息,如图 5-15 所示。

(5)点击"Images",就可以看到专利说明书的原文,如图 5-16 所示。

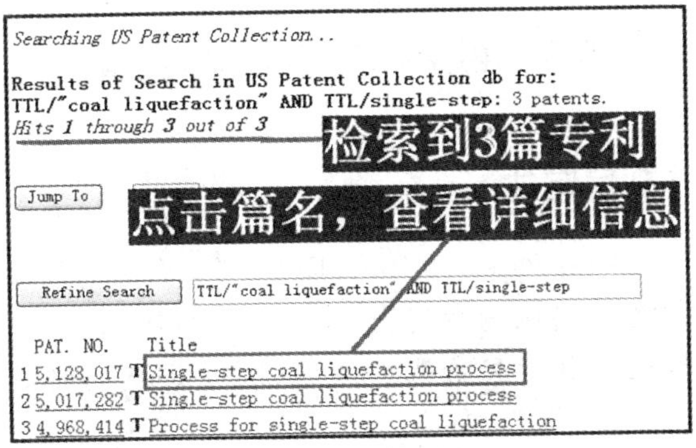

图 5-14　检索结果(11)

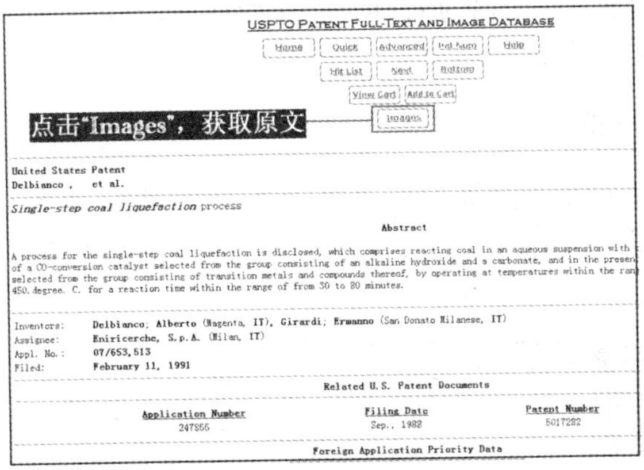

图 5-15　专利题录信息(2)

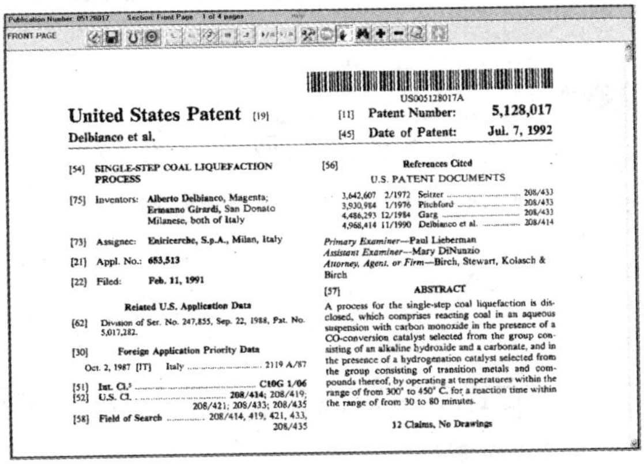

图 5-16　专利说明书的原文(2)

5.5 欧洲专利文献检索

5.5.1 欧洲专利局网站

欧洲专利局(European Patent Office,EPO)于1973年在德国慕尼黑成立,其主要职能是统一协调欧洲各国的专利法,建立一个从申请到授权一体化的专利制度,更好地开发和利用专利信息资源。截至目前,欧洲专利组织成员国已达30多个。

为了向全人类推广欧洲专利信息,拓宽传播渠道,满足用户需求,欧洲专利局及其成员国携手共建了一个名为esp@cenet的网站,开辟了世界利用欧洲专利信息的新时代。

5.5.2 检索方法

欧洲专利局网站(http://ep.espacenet.com/)主页左半部分提供了3种检索方式:"Smart search"(智能检索)、"Advanced search"(高级检索)和"Classification search"(分类检索),如图5-17所示。

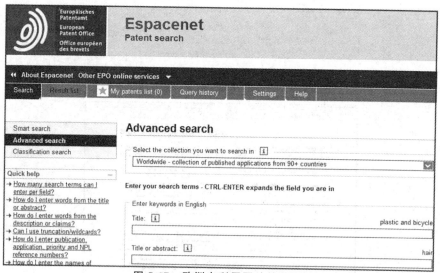

图5-17 欧洲专利局网站的首页

1. "Smart search"(智能检索)

智能检索允许用户在检索框中输入单个词、多个词,或者更加复杂的检索条件。每次最多可以输入20个检索词。"智能检索"界面如图5-18所示,为系统默认界面。

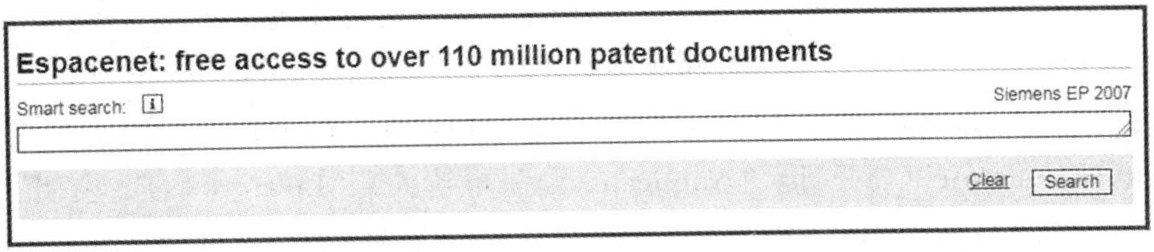

图 5-18 "智能检索"界面(系统默认)

智能检索提供两种以下检索方式。

(1)直接输入检索条件。可以输入描述发明类型的词,也可以输入专利文献的号码、发明人或公司的名称、专利申请的日期或年代。

(2)输入包含字段代码的检索式。在检索式中使用字段代码时,表示方式为:"字段代码=检索要素"。智能检索提供 15 个字段代码:发明人(in)、申请人(pa)、发明名称(ti)、摘要(ab)、优先权号(pr)、公布号(pn)、申请号(ap)、公布日(pd)、引用/被引用文献(引文)(ct)、联合专利分类(cpc)、国际专利分类号(ic)、发明人或申请人(ia)、名称和摘要名称(ta)、名称、摘要、发明人和申请人(txt)、申请号、公布号和优先权号(num)。

检索输入框不区分英文大小写。

2. "Advanced search"(高级检索)

点击"Advanced search",进入"高级检索"界面,如图 5-19 所示。

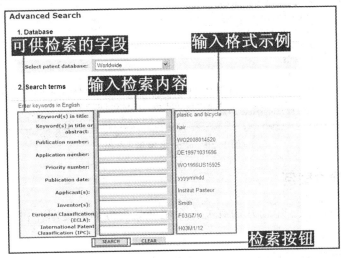

图 5-19 "高级检索"界面

①数据库选择项与"智能检索"相同。

②10种检索字段:"Keyword(s) in title"(发明名称中的关键词)、"Keyword(s) in title or abstract"(发明名称或摘要中的关键词)、"Publication number"(公开号)、"Application number"(申请号)、"Priority number"(优先权号)、"Publication date"(公开日)、"Applicant(s)"(申请人)、"Inventor(s)"(发明人)、"European Classification(ECLA)"(欧洲专利分类号(ECLA))、"International Patent Classification(IPC)"(国际专利分类号(IPC分类号))。

③输入格式示例:不同检索字段的输入格式的示例(示范)。

3. "Classification search"(分类检索)

欧洲专利局通过欧洲专利分类(ECLA)检索专利界面列出了ECLA分类的8个部(与IPC相同),用户可以浏览欧洲专利局的分类系统,也可以直接在输入框中输入检索项进行分类检索(分类检索方式适合对欧洲专利分类号(ECLA)非常熟悉的用户使用)。"分类检索"界面如图5-20所示。

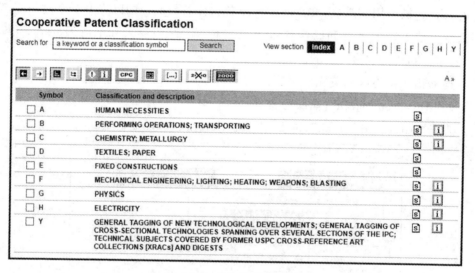

图5-20 "分类检索"界面

5.5.3 检索案例

例 检索在2008年公开的有关汽车尾气处理方面的美国专利。

检索步骤如下。

(1)进入欧洲专利局(http://ep.espacenet.com/)的"Advanced search"检索

界面。

(2) 找出关键词并翻译。汽车:automobile;尾气:exhaust gas。

(3) 输入其他限制条件:美国专利国别代码,US;公开时间,2008 年,如图 5-21 所示。

图 5-21 "高级检索"界面输入方式

(4) 点击"SEARCH"按钮进行检索,检索结果如图 5-22 所示。

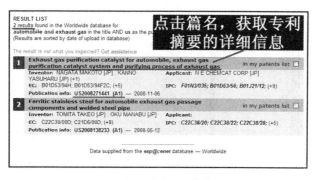

图 5-22 检索结果(12)

(5) 点击篇名,获取专利摘要的详细信息,如图 5-23 所示。

(6) 点击"Original document"选项,可以获取专利说明书的全文,如图 5-24 所示。

(7) 如果想查看该专利的同族专利情况,可点击"View INPADOC patent family"选项。

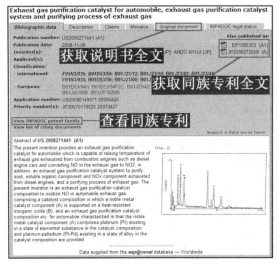

图 5-23　专利摘要的详细信息

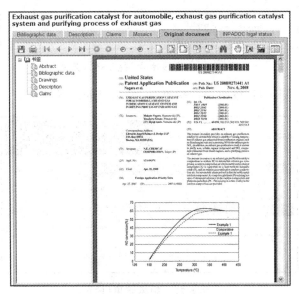

图 5-24　专利说明书的全文

视野扩展

比亚迪不怕专利战

20 世纪 90 年代以来,利用专利压制别国企业,成为跨国公司的惯例。正在谋求发展的中国企业,屡屡遭受沉重打击。

2003年7月9日索尼向东京地方法院提交了诉讼请求，控告中国民营充电电池生产商比亚迪侵犯了其两项专利权。其中一项是1997年5月9日申请的"电池内部按平均容量设计一定空隙"（第2646657号），该申请案的保护范围为每1 A·h设置0.4 mL以上空隙，并于2000年6月6日获得了日本特许厅的认可。

接到催告状后，比亚迪组成了由知识产权及法律部经理黄章辉带头的4人组律师团，在短短的40天里搜集整理相关证据38份，于2003年10月8日向日本东京地方裁判所递交答辩书及相关证据，否认侵犯索尼的专利权。

黄章辉介绍说，一般应对专利侵权案的策略有两条：一是通过证据证明没有侵犯专利；二是提出该专利无效的申请。2003年10月到2004年3月，比亚迪一方面积极寻求证据在东京地方裁判所证明自己并没有侵犯索尼专利；另一方面暗自寻求证据，力图证明索尼专利无效。

索尼诉比亚迪侵权的专利是在1997年5月9日向日本特许厅申请的。能否在这场官司中胜出，就看能否取到在索尼申请的电池专利申请日之前，有相同或相似的产品在市场上销售或在公开出版物上刊登的证据。

2004年初的一天，律师团得到某公司8年前采购的电池已经达到索尼申请的每1 A·h设置0.4 mL以上空隙标准的信息，其销售日期为1997年1月5日，比索尼申请专利的申请日1997年5月9日早了4个月零4天。也就是说，索尼申请专利的电池，在申请日前已经在市场上公开销售。

为取得更有力的证据资料，律师团与专利界的十几个朋友在原中国专利局的专利文献馆内一泡就是10多天，通过电脑对索尼专利和其他国家的几千项相同领域的发明专利进行了检索，从中调出600余项专利文献，又通过对比和筛选，将范围缩小到了60余项。经专家鉴定，选了其中时间在1997年5月9日之前，在创造性上足以宣告索尼发明专利无效的6篇对比文献。

在经过将近半年的证据搜集后，比亚迪在2004年3月19日向日本特许厅提起专利无效宣告请求，请求宣告索尼第2646657号专利无效。在日本特许厅开庭审理的比亚迪诉索尼发明专利无效的宣告案中，律师团围绕200余份辩论文件和证据材料所构成的证据链，以精彩的辩语和观点以及铁铮铮的事实和证据，使索尼一方无言以对。

2005年1月25日，日本特许厅裁定，索尼第2646657号专利无效。同年12月2日，索尼向东京地方裁判所递交撤诉请求书，撤销所有对比亚迪的指控。比亚迪终于赢得了这场官司。比亚迪此次胜诉说明中国企业在遇到知识产权案件时应积极应诉，维护自身的合法权益。

思考题

1. 简述专利文献的作用。

2. 中国专利的类型有哪些？

3. 中国专利文献的编号体系含有几种专利文献编号？每种专利文献编号分别举一个例子来说明。

4. 分别写出中国知识产权局、美国专利商标局、欧洲专利局网站的网址。

5. 请写出美国专利及商标局网站中的检索字段代码、检索字段全称及检索字段的中文含义。

6. 欧洲专利局网站主页提供了哪三种检索方式？

7. 已知中国某专利文献的编号为 CN1218756A，请查出其发明名称、申请号、发明人及申请人。（请注意该编号的类型以及在检索时的输入格式）

8. 查找武汉工程大学申请的有关"废水处理"方面的发明专利，写出专利号、申请号、专利名称、专利说明书的页数。

9. 查找一篇有关"公共汽车防伪投币机（申请号：200320125412.5）"方面的专利，写出发明人、申请人、公告号及摘要，并说明专利的类型。

10. 在欧洲专利局网站上检索有关"重金属污染土壤"方面的德国专利。

11. 已知德国专利的编号为 DE19601715（A1），请在欧洲专利局网站上查出其英文的同族专利。

第6章 标准文献及其检索

"一流企业卖标准,二流企业卖品牌,三流企业卖产品。"为什么会有这种说法呢?有一段时间,我们为什么会经常在报纸等媒体上看到"蓝光和HD-DVD"等之类的标准之争呢?通过本章的学习,我们对标准会有更深刻的认识。

6.1 标准文献概述

标准一般以科学、技术和经验的综合成果为基础,以促进最佳社会效益为目的。它不仅是从事生产、建设工作的共同依据,而且是国际贸易合作、商品质量检验的依据。

从狭义上讲,标准是指按规定程序制定,经公认权威机构(主管机关)批准的一整套在特定范围内必须执行的规格、规则、技术要求等规范性文献;从广义上讲,标准是指与标准化工作有关的一切文献,包括标准形成过程中的各种档案,宣传推广标准的手册及其他出版物,揭示报道标准文献信息的目录、索引等。总而言之,标准是技术标准、技术规范和技术法规的总称。

现代标准文献产生于20世纪初,1901年英国成立了第一个全国性标准化机构,同年世界上第一批国家标准问世。此后,美、法、德、日等国相继建立全国性标准化机构,出版各自的标准。中国于1957年成立国家标准局,次年颁布第一批国家标准(GB)。

国际标准化机构中最重要、影响最大的是1947年成立的国际标准化组织(International Organization for Standardization,ISO)和1906年成立的国际电工委员会(International Electrotechnical Commission,IEC),它们制定或批准的标准具有广泛的国际影响。

◇ 小贴士

长期以来,我国企业对标准的重视不够,特别是参与国际标准制定的程度不够,使自身在贸易战中处于不利境地。从只会smile、silence、sleep的"3S"代表,到提出 TD-SCDMA 国际标准，世界百年电信史上第一次出现了中国人主导的国际标准，中国企业不再是国际"游戏规则"的遵守者，而逐渐成为"游戏规则"的制定者，并参与到国际竞争的大浪潮中。

6.1.1 标准文献的特点

1. 具有法律效力

我国《标准化法》规定，强制性标准必须执行，不符合强制性标准的产品禁止生产、销售和进口。推荐性标准鼓励企业自愿采用，但一经采用就应严格执行，不得随意改动。所以说，标准文献具有一定的法律属性，使产品生产、工程建设、组织管理等有据可依。

2. 有很强的时效性

标准实施后，根据科技发展和经济建设需要，由标准的主管部门组织有关单位适时进行复审，复审周期一般不超过 5 年。

3. 标准文献自成体系

标准文献无论是在体裁格式、描述内容、遣词用字上，还是在审批程序、管理办法以及使用范围等方面都有别于其他文献。同时标准文献还具有特有的标志，即标准编号，一件标准对应一个标准编号，一件标准只解决一个问题。

4. 标准文献交叉重复、相互引用

许多国家的国家标准是由有代表性的行业标准或企业标准转化而来的，所以在内容上有许多重复交叉的现象，且各国之间直接相互引用有关标准也屡见不鲜。因此，判断标准的水平时不能简单地以使用范围为依据，而应以具体的技术参数和具体内容为依据。

6.1.2 标准文献的作用

标准化的目的是对在经济、技术、科学管理等实践中重复性事情和概念通过制定、发布和实施标准，达到统一，以获得最佳秩序和社会效益。在依赖技术的现代经济中，标准构成了重要的技术基础，对经济有着重大而复杂的影响。标准文献主要有以下几个方面的作用。

(1) 可了解各国经济政策、技术政策、生产水平、资源状况和标准水平。

(2) 在科研、工程设计、工业生产、技术转让等中使用，有助于克服技术交流的障碍。

(3) 国内外先进的标准可用于推广研究、改进新产品、提高新工艺和技术水平。

(4) 是鉴定工程质量、校验产品、控制指标和统一试验方法的技术依据。

(5)可以简化设计、保证质量、缩短时间、节省人力、减少不必要的试验及计算。

(6)进口设备可按标准文献进行装备、维修、配制某些零件。

(7)有利于企业或生产机构经营管理活动的统一化、制度化、科学化和文明化。

6.1.3 标准文献的分类

1. 按使用范围划分

①国际标准:国际通用的标准,主要有 ISO 标准、IEC 标准等。

②区域标准:世界某一区域通用的标准,如欧洲标准等。

③国家标准:由国家标准化机构颁布的标准,如我国国家标准(GB)。

④行业标准:对没有国家标准而又需要在全国某个行业范围内统一的技术要求所制定的标准。

⑤地方标准:省(市、自治区)级标准为地方标准。地方标准具体是指没有国家标准和行业标准而又需要在省(市、自治区)范围内统一工业产品的安全、卫生等要求所制定的标准。

⑥企业标准:对对企业的生产和管理具有重要意义而又需要在企业范围内协调统一的事物所制定的标准。

2. 按内容及性质划分

①技术标准:包括基础标准、产品标准、方法标准等。

②管理标准:包括技术管理标准、生产组织标准、经济管理标准、工作标准等。

3. 按标准的成熟度划分

①强制性标准:国家要求必须强制执行的标准,即标准所规定的内容必须执行,不允许以任何理由或方式加以违反、变更。

②推荐性标准:国家鼓励自愿采用的,具有指导作用而又不宜强制执行的标准。

6.1.4 标准文献的编号

标准编号是标准文献的一大外部特征。这种编号方式上的固定化使得标准编号成为检索标准文献的途径之一。

无论是国际标准还是各国标准,在编号方式上均遵循一种固定格式,通常为"标准代号+流水号+年代号"。如 GB/T 18666—2002 表示 2002 年颁布的第 18666 号国家推荐性标准。

1. 中国标准的编号

《中华人民共和国标准化法》于 1988 年 12 月 29 日通过,并从 1989 年 4 月 1 日起实施,后又进行了一次修订。1990 年 4 月 6 日,我国发布了《中华人民共和国标准化法实施条例》。

我国国家标准及行业标准的代号一律用两个大写汉语拼音字母表示,编号由标准代号、顺序号和批准年份组合而成。如 GB 50157—2003 是国家标准《地铁设计规范》的编号。

国家强制性标准用"GB"表示,如 GB 19301—2003 表示国家强制性标准《鲜乳卫生标准》。国家推荐性标准用"GB/T"表示,如 GB/T 8077—2000 表示国家推荐性标准《混凝土外加剂匀质性试验方法》。

行业标准用该行业主管部门名称的汉语拼音字母表示,机械行业标准用"JB"表示,化工行业标准用"HG"表示,轻工行业标准用"QB"表示等,如 HG/T 21640.2—2000 指化工行业 2000 年颁布的标准《H 型钢钢结构管架通用图集　纵梁式管架》。我国行业标准代号如表 6-1 所示。

表 6-1　我国行业标准代号一览表(摘录)

行　业	行业标准代号
农业	NY
水产	SC
林业	LY
轻工	QB
纺织	FZ
医药	YY
化工	HG
机械	JB
金融	JR

企业标准代号用 Q 表示,如 Q/MY 0001S—2019 是金银花饮料的企业标准。

2. 国际标准化组织的标准编号

国际标准化组织负责制定和批准除电工与电子技术领域以外的各种技术标准。ISO 标准编号的构成为:"ISO＋顺序号＋年代号(制定或修订年份)",如 ISO 3347:1976 表示 1976 年颁布的有关木材剪应力测定的国际标准。

6.1.5　标准文献分类法

1. 按《中国标准文献分类法》分类

中国标准文献的分类主要采用《中国标准文献分类法》规定的分类法。《中国标准文献分类法》由原国家标准局于 1984 年编制,是目前国内用于标准文献管理的一部工具书,由24个一级大类目组成,用英文字母表示,每个一级类目下分100个二级类目,二级类目用两位数字表示。《中国标准文献分类法》一级类目表如表6-2所示。

表6-2 《中国标准文献分类法》一级类目表

类 别	类 目 名 称	类 别	类 目 名 称
A	综合	N	仪器、仪表
B	农业、林业	P	工程建设
C	医药、卫生、劳动保护	Q	建材
D	矿业	R	公路、水路运输
E	石油	S	铁路
F	能源、核技术	T	车辆
G	化工	U	船舶
H	冶金	V	航空、航天
J	机械	W	纺织
K	电工	X	食品
L	电子元器件与信息技术	Y	轻工、文化与生活用品
M	通信、广播	Z	环境保护

2.《按国际标准分类法》分类

《国际标准分类法》(International Classification for Standards,ICS)是国际、区域性、国家以及其他标准文献分类的依据。

国际标准化组织发布的标准,1994年以前使用《国际十进分类法》(UDC),1994年以后改用ICS分类。ICS由三级类构成。一级类包含标准化领域的40个大类,每一大类号以两位数字表示,如01、03、07。二级类号由一级类号和一个被点隔开的三位数字组成。全部40个大类分为387个二级类,387个二级类中的一部分被进一步分成三级类。三级类的类号由二级类的类号和一个被点隔开的两位数组成。表6-3所示为ICS一级类目表。

表 6-3 ICS 一级类目表

类号	类目名称	类号	类目名称	类号	类目名称
01	综合、术语学、标准化、文献	35	信息技术、办公机械设备	73	采矿和矿产品
03	社会学、服务、公司（企业）的组织和管理、行政、运输	37	成像技术	75	石油及相关技术
07	数学、自然科学	39	精密机械、珠宝	77	冶金
11	医药卫生技术	43	道路车辆工程	79	木材技术
13	环保、保健与安全	45	铁路工程	81	玻璃和陶瓷工业
17	计量学和测量、物理现象	47	造船和海上建筑物	83	橡胶和塑料工业
19	试验	49	航空器与航天器工程	85	造纸技术
21	机械系统和通用件	53	材料储运设备	87	涂料和颜料工业
23	流体系统和通用件	55	货物的包装和调运	91	建筑材料和建筑物
25	机械制造	59	纺织和皮革技术	93	土木工程
27	能源和热传导工程	61	服装工业	95	军事工程
29	电气工程	65	农业	97	家用和商用设备、文娱、体育
31	电子学	67	食品技术		
33	电信、音频和视频技术	71	化工技术		

6.2 标准文献检索

一般来说，标准文献主要使用标准编号、标准名称（关键词）和标准分类号三种检索方法进行检索。其中使用标准编号进行检索是最常用的方法，但需要预先知道标准编号，而我们在检索标准文献时一般并不知道明确的标准编号，只知道一个名称，这样就需要用其他方法，如使用标准名称（关键词）进行检索。标准名称（关键词）检索有一个明显的优势，即只要输入标准名称中的任意有关词，就可以找到所需的标准，但前提是检索词要规范，否则就要使用标准分类号进行检索。

6.2.1 国内标准文献检索

1. 中国标准文献数据库

中国标准文献数据库(万方数据标准库)如图 6-1 所示,收录了国内外的大量标准,包括:中国发布的全部国家标准(提供标准原文)、某些行业的行业标准、电气和电子工程师技术标准;国际标准数据库标准、美英德等的国家标准,以及国际电工标准;某些国家的行业标准,如美国保险商实验所数据库标准、美国专业协会标准数据库标准、美国材料实验协会数据库标准、日本工业标准数据库标准等。

图 6-1 万方数据库标准库

2. 国家标准化管理委员会网站

国家标准化管理委员会网站（http://www.sac.gov.cn）如图 6-2 所示,它提供中英文两个版本的国家标准检索,并有 ISO、IEC 组织的超链接。从界面导航栏中选择"办事服务"下的"标准服务平台",即可进入标准检索界面,检索字段包括标准编号、中文标题、英文标题、中国标准分类号、国际标准分类号、采用关系、被代替国标号等。

标准检索案例

3. 中国标准服务网

中国标准服务网(http://www.cssn.net.cn)是国家级标准搜索查询门户,依托于权威资源,持续收录国内的国家标准、行业标准、地方标准、团体标准,以及国际标准、国外国家标准和国外学协会标准等。中国标准服务网首页如图 6-3 所示。

图 6-2　国家标准化管理委员会网站首页

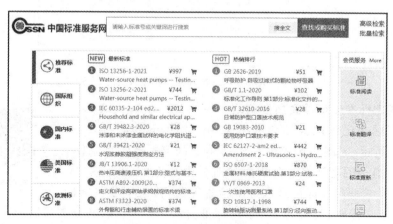

图 6-3　中国标准服务网首页

6.2.2　国际标准文献检索

1. 国际标准化组织

国际标准化组织(https://www.iso.org/iso/home.htm)，是一个全球性的非政府组织，是国际标准化领域中一个十分重要的组织，是目前世界上最大、最有权威性的国际标准化专门机构。国际标准化组织的任务是促进全球范围内的标准化及其有关活动,以利于国际产品与服务的交流,以及在知识、科学、技术和经济活动中发展国际的相互合作。国际标准化组织网站首页如图 6-4 所示。

图 6-4　国际标准化组织网站首页

2. 国际电工委员会

国际电工委员会(https://www.iec.ch/)成立于 1906 年,至今已有 100 多年的历史。它是世界上成立最早的国际性电工标准化机构,负责有关电气工程和电子工程领域中的国际标准化工作。国际电工委员会网站首页如图 6-5 所示。

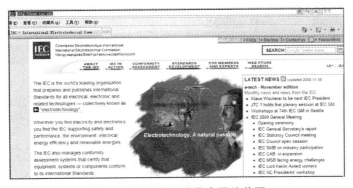

图 6-5　国际电工委员会网站首页

6.3　检索案例

例 1　检索有关"鲜乳卫生"方面的标准。

检索步骤如下。

(1) 打开万方数据库,先点击"标准"图标,再点击"高级检索"按钮,即进入标准的高级检索界面,如图 6-6 所示。

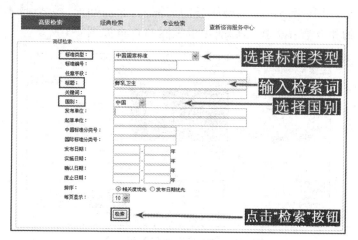

图 6-6　检索界面

(2)选择标准类型"中国国家标准",在"标题"输入框中输入"鲜乳卫生","国别"选择"中国",点击"检索"按钮,检索结果如图 6-7 所示。

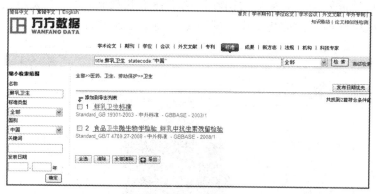

图 6-7　检索结果(13)

(3)点击检索到的标准名称,可得到标准文献的详细记录,如图 6-8 所示。

例 2　检索"移动通信"方面的国际标准(ISO)。

检索步骤如下。

(1)打开国际标准化组织(ISO)网站(https://www.iso.org/iso/home.htm),在网站右上角的输入框中输入检索词"mobile communication",如图 6-9 所示。

(2)点击"Search"按钮,得到 9 篇文章,如图 6-10 所示。

(3)点击其中一个标准编号——"ISO/IEC 24755:2007",得到摘要信息如图 6-11 所示,点击"CHF 112,00"就可以获取原文了,当然这是要付费的。

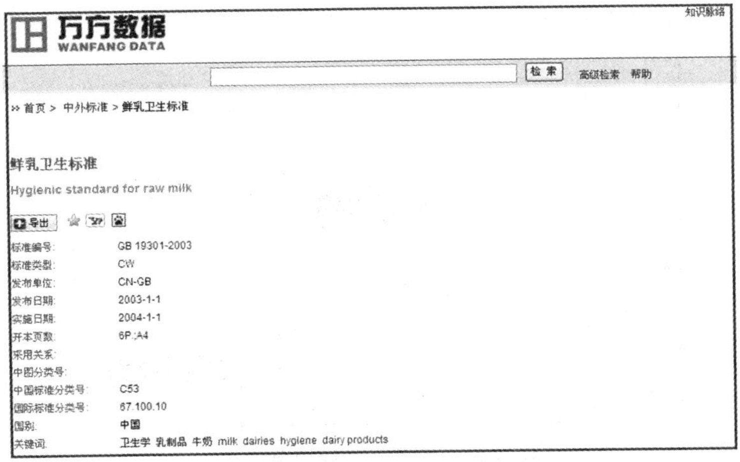

第 6 章 标准文献及其检索

图 6-8 标准文献的详细记录

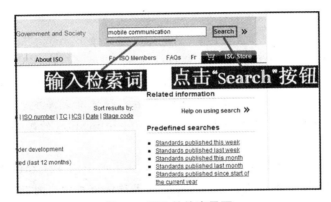

图 6-9 ISO 的检索界面

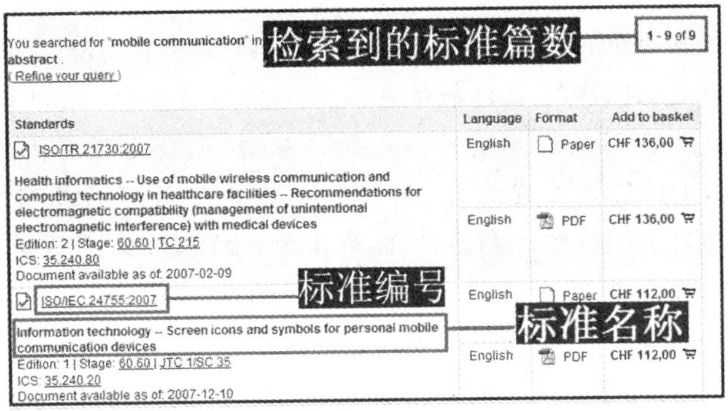

图 6-10 检索结果(14)

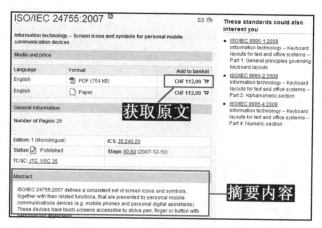

图 6-11　标准文献的摘要信息

视野扩展

标准之争，乃战略利益之争

有一段时间，我们经常在报纸等媒体上看到"蓝光和 HD-DVD 的标准之争""手机电视标准之争""中国 WAPI 与美国 802.11i 无线标准之争""RFID 标准之争"等有关标准争论的报道。那么，为什么要进行标准之争呢？让我们先看看 RFID 的标准之争吧（RFID 是 radio frequency identification 的缩写，即射频识别，俗称电子标签）。

随着物联网概念的火热，作为物联网核心技术的 RFID 技术也越来越受到人们的关注，而 RFID 领域中又数 RFID 的标准问题最为关键。对此，中国科学院的李一斌先生认为：RFID 的标准之争即利益之争。

我国 RFID 技术标准缺失、不统一，其原因主要有两个。第一，我国的 RFID 产业起步较晚，在应用方面的实践也不是很多。技术的相对落后和缺乏成功的实践案例，使我国制定 RFID 标准的条件也成熟得比较慢。第二，以前我国食品行业以中小企业为主，没有形成产运销一条龙的产业链，也缺乏强有力的约束和监管。

目前，我国的 RFID 产业发展比较迅猛，也出现了很多应用案例。一些行业，如石油、汽车等看到 RFID 技术对本行业发展所起的积极促进作用之后，纷纷引进该项技术，并逐步形成了自己的行业标准。RFID 技术在食品行业的发展非常迅速，而制定标准是目前最紧要的一件事情。

标准之争即利益之争，一旦我们失去制定 RFID 国际标准的主导权和产业主导权，我国的 RFID 产业，无论是在知识产权方面还是在信息安全方面，必会受制于人。在此背景下，中国 RFID 标准的制定必须从速。制定具有中国自主知识产权的标准,才是摆脱受制于人局面的唯一办法。所以,无论是企业还是科研机构都要加大科研力度,力争在关键技术层面上有所建树,早日制定出属于中国的 RFID 标准。

标准其实就是一种游戏规则,谁掌握了标准的制定权,谁的技术成为标准,谁就掌握了市场的主动权。技术竞争的制高点就在于标准,标准会影响一个产业,谁制定的标准被业界认可,谁就会从中获得莫大的市场和经济利益。标准在全球经济发展中的作用越来越重要,随着各个国家标准战略的出台,标准已经成为经济竞争的核武器。

思考题

1. 标准文献的定义和特点是什么?
2. 标准文献按其适用范围可分为哪些类型?分别可用哪些符号表示?
3. 国内标准文献有哪些检索网站?
4. 简述 ISO 的全称、中文含义及该组织的功能。
5. 查找"砖混结构房屋加层技术"的有关标准,写出标准英文题名、标准编号、发布单位。
6. 查找"冷饮食品卫生标准的分析方法"的有关标准,写出标准英文题名、标准编号、发布单位。

第 7 章 学位论文及其检索

学位论文作为一种重要信息资源受到越来越多的关注,并出现了一些国内外学位论文数据库。本章重点介绍国内的中国学位论文全文数据库及其检索和国外的 ProQuest 学位论文全文库及其检索。

7.1 学位论文概述

学位论文(thesis、dissertation)是高等学校或研究机构的学生为取得学位,在导师的指导下完成的科学研究、科学试验成果的书面报告。学位论文分为学士学位论文、硕士学位论文、博士学位论文三个等级,在检索意义上一般指博士学位论文和硕士学位论文。近年来随着研究生教育与技术的发展,各种学位论文全文数据库相继出现,这极大地扩大了学位论文的使用范围,为用户提供了学位论文信息资源,对高校的教学与科研产生了很大的影响。学位论文主要有以下三个方面的特点。

1. 学科前沿,具有一定的独创性

学位论文内容包括通过大量的思维劳动而提出的学术性见解或结论。收集材料和进行研究都是在具有该课题专长的专家、教授的指导下进行的,而作者自己本身又具有宽广而扎实的基础知识和系统深入的专业知识,因此博士学位论文和硕士学位论文一般都具有选题新颖的特点,有一定的独创性,有的论点在其学科或专业领域里具有前瞻性。

2. 数据可靠,论证严密

在撰写论文的过程中,往往要查阅大量的国内外文献资料,因此,学生撰写的课题综述几乎概括了该课题的全部信息,论文后的参考文献更是不可忽视的二次情报源。另外,学位论文是在导师的严格审核和直接指导下,用 2~3 年时间才完成的科研成果,所探讨的问题比较专一,其实验方法严密、设备先进、数据可靠、专业性强。

3. 出版形式特殊

学位论文一般供审查答辩用,大多不通过出版社正式出版,而是以打印本的形式存储在规定的收藏地点。

> **小贴士**
>
> 我国的《著作权法》规定,为介绍、评论某一作品或者说明某一问题,在作品中适当引用他人已经发表的作品,可以不经著作权人许可,不向其支付报酬,但应当指明作者姓名、作品名称,并且不得侵犯著作权人依照本法享有的其他权利。目前,学位论文数据库传播广泛,检索便利,并有相应的检测软件,有抄袭或剽窃行为的学位论文也极其容易被发现,国内已有博士学位因此行为被撤销的先例。我们要自觉遵守学术规范,杜绝论文抄袭的学术不端现象。

7.2 学位论文检索

7.2.1 国内学位论文检索

检索国内学位论文的数据库主要有:中国学位论文全文数据库(万方数据资源数据库之一)、中国优秀博硕士学位论文全文数据库(CNKI 数据库之一)、CALIS 高校学位论文数据库(CALIS 全国工程文献中心)等。下面重点介绍中国学位论文全文数据库。

中国学位论文全文数据库的论文数据由中国科技信息研究所提供,并委托万方数据公司加工建库。该库涵盖了理工、医卫、社会科学与人文科学等各学科领域,收录了自 1980 年以来我国各高等院校、研究生院及研究所向该机构送交的博、硕士学位论文,每年稳定新增 30 余万篇学位论文,是一个综合性的学位论文全文库。

中国学位论文全文数据库提供了基本检索、高级检索、学科分类检索和跨库检索四种检索方式。万方数据资源系统界面(部分)如图 7-1 所示。

图 7-1 万方数据资源系统界面(部分)

1. 基本检索

基本检索是系统默认的检索方式,首先选择"学位",然后在输入框中输入检索词,最后点击"检索"按钮就完成了基本检索。

2. 高级检索

点击首页"高级检索"进入"高级检索"界面。"高级检索"界面提供了主题、作者、导师、关键词、摘要、学校、专业等检索字段,还可以加入发表日期、有无全文、论文类型、排序等限制条件,提高检索精度。"高级检索"界面如图 7-2 所示。

图 7-2 "高级检索"界面

3. 学科分类检索

"学科分类检索"提供了 22 大类的学科,点击某一大类,如"生物科学",到下一界面,如图 7-3 所示,再点击左边"论文类型"下面的"学位论文"就可以浏览该学科的所有学位论文了。

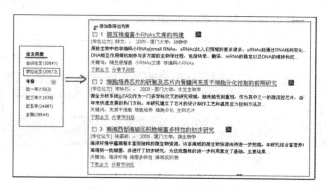

图 7-3 "学科分类检索"结果

4. 跨库检索

跨库检索可同时检索多个文献类型的数据库,能检索学位论文、会议论文、专利技术、科技成果、政策法规、企业、中外标准、外文文献等文献。

7.2.2 国外学位论文检索

检索国外学位论文的数据库主要有 PQDT(ProQuest Dissertations and Theses)学位论文全文库。

PQDT 学位论文全文库是美国 ProQuest 公司建立的博硕士学位论文数据库,采用 ProQuest 检索平台。它收录了欧美 2 000 余所大学的 200 多万篇学位论文,是目前世界上最大和最广泛使用的学位论文数据库之一,覆盖各个学科,用户可查询、下载数据库中 1861 年至今所有博硕士学位论文的摘要及索引信息,1997 年以来的部分论文不但能看到文摘索引信息,还可以看到前 24 页的论文原文。PQDT 学位论文全文库提供了基本检索、高级检索和学科导航浏览三种检索方式。

1. 基本检索

进入 PQDT 学位论文全文库(http://proquest.calis.edu.cn)之后,默认的是"基本检索"界面,如图 7-4 所示。现在很多外文数据库提供中文检索界面,但输入的检索词应是外文,而不是中文。该数据库检索字段说明与具体用法举例如表 7-1 所示。

图 7-4 ProQuest 学位论文全文库"基本检索"界面

表 7-1　ProQuest 学位论文全文库检索字段说明与具体用法举例

字段名称	查询标志	含义	举例
摘要	abstract	在摘要中进行检索	(abstract＝ozone)
作者	author	查找作者的论文	(author＝Hart,William)
论文名称	t_title	在论文名称中进行检索	(t_title＝Fuzzy logic)
学校名称或代码	school	查找学校的论文情况	(school＝Stanford) or (school_code＝0212)
学科名称或代码	subject	按学科进行检索	(subject＝0543)
指导老师	adviser	查找指导老师	(adviser＝Jagoda)
学位	degree	按博士或硕士进行检索	(degree＝Ph.D.)
论文卷期次	dvi	按论文卷期次进行检索	(dvi＝vol 61)
国际标准书号	isbn	按国际标准书号进行检索	(isbn＝0599716649)
语种	t_language	按语种进行检索	(t_language＝English)
论文号	pub_number	按论文号进行检索	(pub_number＝AAI9969238)

2. 高级检索

高级检索直接在对应字段的输入框中输入检索词,并可以在多个关键词或多个检索字段之间进行逻辑运算。"高级检索"界面如图 7-5 所示。

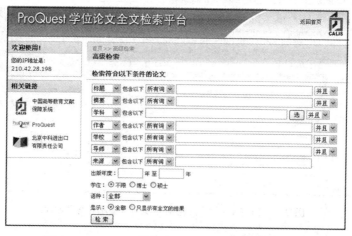

图 7-5　ProQuest 学位论文全文库"高级检索"界面

3. 论文分类浏览

论文分类浏览将学科内容分成 11 个大类,大类之下有小类,小类之下还有细类,将三级类目做成导航树,逐级点击导航树,逐篇浏览各类论文,如图 7-6 所示。在左边的导航树下浏览并点击自己感兴趣的类别,如点击"Inorganic"(无机化学),在右边就显示有关"Inorganic"的论文了。

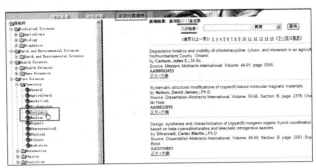

图 7-6　ProQuest 学位论文全文库"论文分类浏览"界面

7.3　检索案例

用万方数据库
检索论文案例

例 1　检索 2000—2009 年北京交通大学授予的有关电致发光聚合物的学位论文。

检索步骤如下。

(1)对课题进行分析:限定论文年度为 2000—2009 年;检索词为"电致发光""聚合物",这两个检索词都拟定在论文标题中出现;授予单位为北京交通大学。逻辑运算符为"与",该检索系统用"＊"表示。

(2)根据上述分析,在对应的输入框中分别输入对应的检索词,如图 7-7 所示。

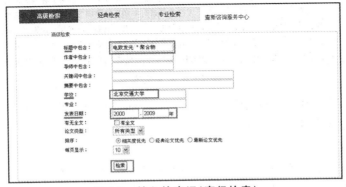

图 7-7　输入检索词(高级检索)

(3)点击“检索”按钮,得到检索结果,如图 7-8 所示。

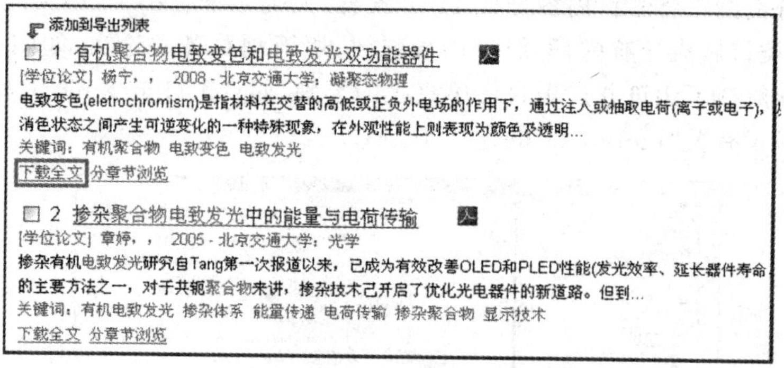
添加到导出列表

1 有机聚合物电致变色和电致发光双功能器件

[学位论文] 杨宁, , 2008 - 北京交通大学: 凝聚态物理

电致变色(eletrochromism)是指材料在交替的高低或正负外电场的作用下,通过注入或抽取电荷(离子或电子),从

消色状态之间产生可逆变化的一种特殊现象,在外观性能上则表现为颜色及透明...

关键词: 有机聚合物 电致变色 电致发光

下载全文 分章节浏览

2 掺杂聚合物电致发光中的能量与电荷传输

[学位论文] 章婷, , 2005 - 北京交通大学: 光学

掺杂有机电致发光研究自Tang第一次报道以来,已成为有效改善OLED和PLED性能(发光效率、延长器件寿命

的主要方法之一,对于共轭聚合物来讲,掺杂技术已开启了优化光电器件的新道路。但到...

关键词: 有机电致发光 掺杂体系 能量传递 电荷传输 掺杂聚合物 显示技术

下载全文 分章节浏览

图 7-8 检索结果(15)

(4)点击图 7-8 所示中的“下载全文”按钮,可以得到论文的全文,如图 7-9 所示。

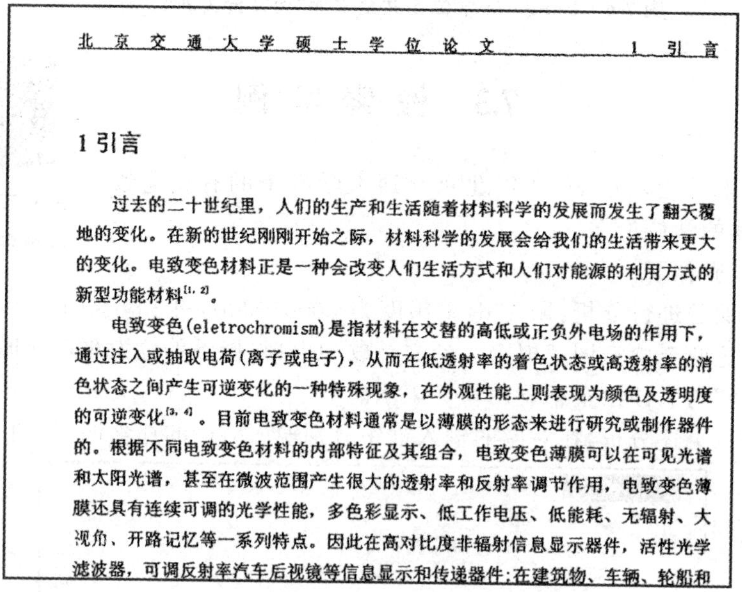
北京交通大学硕士学位论文　　1 引言

1 引言

过去的二十世纪里,人们的生产和生活随着材料科学的发展而发生了翻天覆地的变化。在新的世纪刚刚开始之际,材料科学的发展会给我们的生活带来更大的变化。电致变色材料正是一种会改变人们生活方式和人们对能源的利用方式的新型功能材料[1, 2]。

电致变色(eletrochromism)是指材料在交替的高低或正负外电场的作用下,通过注入或抽取电荷(离子或电子),从而在低透射率的着色状态或高透射率的消色状态之间产生可逆变化的一种特殊现象,在外观性能上则表现为颜色及透明度的可逆变化[3, 4]。目前电致变色材料通常是以薄膜的形态来进行研究或制作器件的。根据不同电致变色材料的内部特征及其组合,电致变色薄膜可以在可见光谱和太阳光谱,甚至在微波范围产生很大的透射率和反射率调节作用,电致变色薄膜还具有连续可调的光学性能,多色彩显示、低工作电压、低能耗、无辐射、大视角、开路记忆等一系列特点。因此在高对比度非辐射信息显示器件,活性光学滤波器,可调反射率汽车后视镜等信息显示和传递器件;在建筑物、车辆、轮船和

图 7-9 论文全文

例 2 查找美国斯坦福大学(Stanford University)在 2000—2003 年期间发表的有关高温超导体的学位论文。

检索步骤如下。

(1)分析课题。本课题有三个限制条件:第一个是指定学校为 Stanford University;第二个是文献内容为高温超导体,超导体为 superconductors,高温有

high-temperature 和 high temperature 两种写法，在输入时用截词符代替，即输入"high * temperature"（高温超导体可以在论文名称、摘要、学科等多个字段中进行检索，但在论文名称中检索比较准确）；第三个是年限为 2000—2003 年。

（2）进入 ProQuest 学位论文全文库的"高级检索"界面，按上述分析，在对应的字段中分别输入检索词，并点击"增加"按钮，输入的内容就显示在上部分的检索式输入框内，如图 7-10 所示。

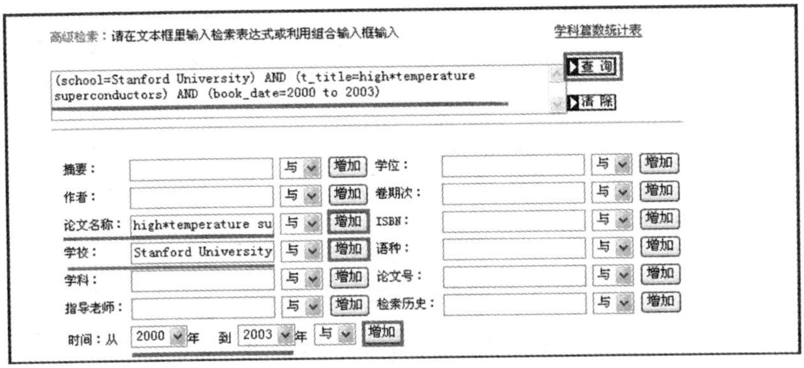

图 7-10　检索输入方法

（3）点击"查询"按钮就得到检索结果，如图 7-11 所示。

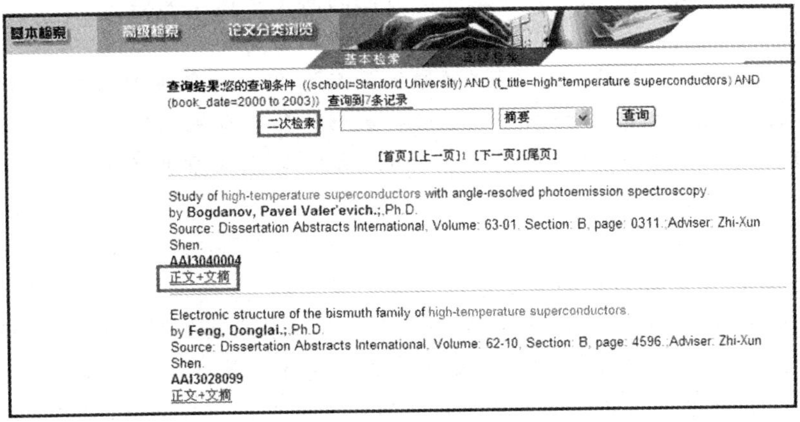

图 7-11　检索结果(16)

（4）对自己感兴趣的检索结果，再点击"正文＋文摘"，就可以得到论文的详细摘要信息，如图 7-12 所示。如果想看全文，点击"点击此处下载 PDF 文件"，就可以查看全文。

```
出版号        AAI3040004
论文名称      Study of high-temperature superconductors with angle-resolved photoemission
              spectroscopy.
作者          Bogdanov, Pavel Valer'evich ;
学位          Ph.D.
学校          Stanford University.
日期          2002
指导老师      Shen, Zhi-Xun
ISBN          0493532498
来源          Source: Dissertation Abstracts International, Volume: 63-01, Section: B, page:
              0311.;Adviser: Zhi-Xun Shen.
学科          Physics, Condensed Matter.
              0611
全文          📄 4334KB image-only PDF 点击此处下载PDF文件
摘要          The Angle Resolved Photoemission Spectroscopy (ARPES) recently emerged as a
              powerful tool for the study of highly correlated materials. This thesis describes the
              new generation of ARPES experiment, based on the third generation synchrotron
              radiation source and utilizing very high resolution electron energy and momentum
              analyzer. This new setup is used to study the physics of high temperature
              superconductors. New results on the Fermi surfaces, dispersions, scattering rate
              and superconducting gap in high temperature superconductors are presented.
```

图 7-12　论文的详细摘要信息

视野扩展 ▽

诺贝尔化学奖得主布朗与他的博士学位论文选题

布朗（Herbert Charles Brown），美国化学家，1912 年 5 月 22 日生于英国伦敦。布朗于 1953 年发现了著名的"硼氢化反应"，即使简单硼烷与烯烃、炔在醚中发生反应。这是一种在温和条件下合成烷基硼和其他有机硼化合物的新方法。此法的发现推动了有机硼化学的发展。为此，布朗与维蒂希共获 1979 年诺贝尔化学奖。

布朗在芝加哥大学的博士学位论文是《二硼烷还原羟基化合物》。他之所以选择硼化合物的研究作为他的博士学位论文的研究内容，原因之一是从布朗大学毕业时，他的女友 Sarah Baylen 送给他一本书作为毕业礼物，书名是"硼和硅的氢化物"，Sarah Baylen 后来成为布朗的妻子。布朗读了这本书后，对书中的内容十分感兴趣，后来硼化合物的研究和应用成为他一生主要的研究领域，并且他取得了丰硕的成果。布朗在 1979 年获诺贝尔化学奖时回忆说，Sarah Baylen 之所以买《硼和硅的氢化物》这本书作为礼物送给他，是因为当时他们都没有多少钱，她就选择了书店里最便宜的一本书（2.06 美元）。

布朗的研究领域极为广阔，并有许多重大的发现。其中最主要的一个发现是硼氢化反应。1941 年，他用简单的方法合成了乙硼烷（B_2H_6），由此合成了硼氢化钠，发现了碱金属硼氢化物的异常活泼性，并将之用于有机合成，革新了有机还原反应。1953年,他发现:乙硼烷同不饱和的有机物反应,可定量地转变成有机硼化合物,而有机硼化合物在有机合成中有广泛的用途。

布朗所开展的有机硼氢化合物及在有机合成中的应用研究,极大地促进了有机硼化学的发展,相关成果在有机化学教学、科研和精细有机化学品的生产中得到广泛的应用。

思考题

1. 国内学位论文有哪些数据库可以供检索?
2. 简述中国学位论文全文数据库的检索方法。
3. 简述ProQuest学位论文全文库的收录特点与检索方法。
4. 请分别写出ProQuest学位论文全文库中检索字段的代码、全称及含义。
5. 我国的《著作权法》规定,在作品中适当引用他人已经发表的作品时应当指明什么?
6. 找一篇授予单位为"武汉工程大学",内容是"轮式足球机器人"的学位论文,写出学位论文的篇名、作者、导师、授予时间。

第8章 会议文献及其检索

会议文献可以充分反映出一门学科、一个专业的研究水平和最新成果,因此,会议文献是了解世界各国科技发展水平和动向的重要信息源。本章重点介绍国内的中国重要会议论文全文数据库及其检索和国外的科学技术会议录索引数据库及其检索。

8.1 会议文献概述

会议文献是指在各种专业学术会议上交流或发表的论文和报告,具有学术性强、内容新颖、质量高等特点,许多重大发现往往在学术会议上公布于众。

据美国科学信息研究所统计,全世界每年召开的学术会议约1万场次,正式发行的各种专业会议文献5 000多种。学术会议按其组织形式和规模区分,一般可分为以下五大类:国际性会议、地区性会议、全国性会议、学会或协会会议和同行业联合会议。

会议文献一般具有以下特点:出版发行较快;可靠性强;首次公布新成果、新理论和新方法;可以成为集中了解一个研究领域或研究主题动态的信息源;多数以会议录的形式出现等。

8.1.1 会议文献的类型

会议文献按会议召开时间先后可分为三种类型。

1. 会前文献

会前文献是指在会议进行之前预先印发给与会代表的论文、论文摘要或论文目录。会前文献具体有四种:会议论文预印本、会议论文摘要、议程和发言提要、会议近期通信或预告。部分会议只出版预印本,会后不再出版会议录,40%的会前文献不对外出版。

2. 会间文献

会间文献是指会议产生的临时性材料、交流论文及报告等,包括开幕词、讲演词、闭幕词、讨论记录、会议简报、决议等。

3. 会后文献

会后文献主要指会议结束后正式发表的会议论文集。会后文献有许多不同的名称：会议录、会议论文集、学术讨论论文集、会议论文汇编、会议记录、会议报告集、会议论文集、会议出版物、会议辑要等。

> **小贴士**
>
> 会议是国际国内学术交流的重要形式，许多科研人员通过参加会议进行信息交流。许多创新的想法、概念和理论往往在各种会议中首先出现。因此，参加国际国内会议，或者到企业工厂去，直接面对面地向该领域的专家权威讨教是获取最新、最可靠信息的最佳方法之一。尤其是对于交叉学科或新领域的课题的研究，捷径就是与有经验的人交流。

8.1.2 会议文献的出版形式

会议文献的出版形式主要有下列四种。

1. 图书

大多数会议文献都是以图书形式出版的，称为会议录或会议论文集。出版的会议论文通常经过作者再次补充和修改，内容完整成熟。会议录以会议召开的届次或年份加上会议名称来命名。

2. 期刊论文

有不少会议文献发表在期刊上，大多发表在其相关学会的刊物上，如美国的《机械工程师学会会刊》和《美国电气工程师学会会刊》等经常刊登会议文献。会议文献一般以特辑、专刊、增刊、专栏等形式发表。

3. 科技报告

有些会议文献以科技报告的形式出版，如美国四大报告（AD、PB、DOE、NASA）中常编入会议文献，且都有会议文献的专门编号。

4. 视听资料

由于会议录等出版进程较慢，国外有些学术会议直接将开会期间的录音、录像视听资料在会后发售，以便快速报告。

8.2 会议文献检索

8.2.1 国内会议文献检索

检索国内会议文献的数据库主要有中国重要会议论文全文数据库（CNKI 数

据库之一)、中国学术会议全文数据库(万方数据资源数据库之一)、中文会议论文数据库(由国家科技图书文献中心开发)等。下面介绍中国重要会议论文全文数据库。

1. 概述

中国重要会议论文全文数据库是CNKI数据库之一,重点收录我国1999年以来国家二级以上学会、协会、研究会、科研院所及政府举办的重要学术会议和高校重要学术会议以及在国内召开的国际会议中发表的文献,年更新论文约10万篇。至2009年11月1日,累积会议论文全文文献115万多篇。产品分为十大专辑,十大专辑下面又分为168个专题文献数据库和近3 600个子栏目。

2. 检索方法

在中国知识资源总库(CNKI)界面点击"中国重要会议论文全文数据库"选项,如图8-1所示,即可进入中国重要会议论文全文数据库的首页。

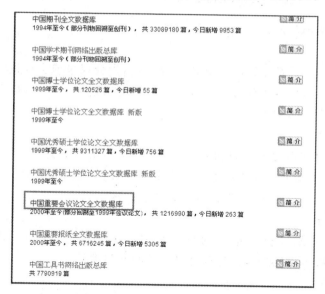

图8-1　进入中国重要会议论文全文数据库的方法

中国重要会议论文全文数据库与中国期刊全文数据库(见2.1节)为同一商家产品,并且位于同一平台,其具体检索过程、操作方法与中国期刊全文数据库大同小异,只是在检索字段上有所不同。该库提供的检索字段有题名、主题、关键词、摘要、论文作者、第一责任人、作者机构、会议名称、会议录名称、参考文献、全文、年、基金、主办单位、会议地点等20余种,如图8-2所示。

中国重要会议论文全文数据库提供了会议主办单位导航检索,会议主办单位

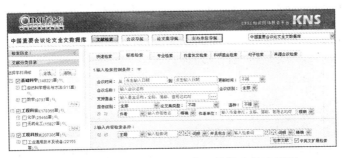

图 8-2 中国重要会议论文全文数据库检索界面

导航检索又有单位性质、行业组织、党政组织三种导航方式,也可以按会议主办单位进行检索,如图 8-3 所示。

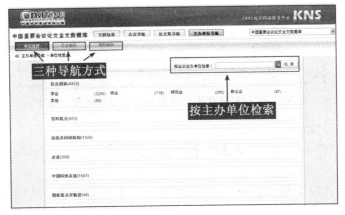

图 8-3 会议主办单位分类导航界面

8.2.2 国外会议文献检索

ISTP 数据库(Index to Scientific & Technical Proceedings,科学技术会议录索引)由美国科学信息研究所(ISI)主办,于 1978 年创刊。ISTP 数据库主要汇集了世界上著名的会议、座谈、研究会和专题讨论会的会议录资料,其文献来源包括专著、期刊、报告、学会协会或出版商的系列出版物以及预印本等。它所覆盖的文献包括英语文种和非英语文种。

> **小贴士**
>
> 科学技术会议录索引数据库与 SCI 数据库(见 3.2 节)位于同一平台,科学技术会议录索引数据库具体检索方法、操作方法与 SCI 数据库基本相同,注意在检

索时,勾选"Conference Proceedings Citation Index-Science（CPCI-S）- -1996-至今"后就可以进行科学技术会议录索引数据库检索了,如图8-4所示。

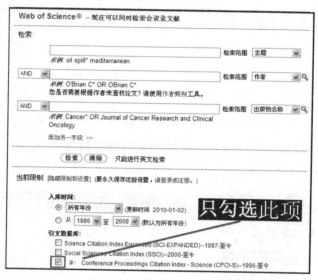

图8-4 进行科学技术会议录索引数据库检索的操作

8.3 检索案例

例 检索武汉工程大学在2009年被科学技术会议录索引数据库收录的会议文献。

检索步骤如下。

（1）武汉工程大学的英文名为"Wuhan Institute of Technology",在科学技术会议录索引数据库中,地址都用简写形式。

（2）在第一个输入框中输入"Wuhan Inst Technol";"检索范围"选择"地址";"入库时间"选择"从2009至2009",并勾选"Conference Proceedings Citation Index-Science（CPCI-S）--1996-至今",如图8-5所示。

（3）点击"检索"按钮,查到被科学技术会议录索引数据库收录的会议文献有76篇,如图8-6所示。

（4）点击某篇文献的标题,就可以得到该文献的作者、来源出版物、会议信息、通信地址、出版商等详细信息,如图8-7所示。

第 8 章 会议文献及其检索

图 8-5 科学技术会议录索引数据库检索界面的操作方法

图 8-6 科学技术会议录索引数据库检索结果

图 8-7　会议文献的详细信息

视野扩展

国际学术会议知识

　　国际学术会议是各个国家相关学术领域的研究者聚集交流的一种形式。国际学术会议的主要与会者来自各个国家，这是识别国际学术会议的主要标志。换言之，国际学术会议的每个与会者都具有某个国家的象征，不论你是国家正式派遣的代表，还是以个人身份与会，人们都会把你列在你所属国家名下，把你看成这个国家的一部分。由此可见，国际学术会议和国内学术会议的分野为：国际学术会议是不同国籍学者参加的会议；国内会议是同一国籍学者参加的会议。国际学术会议分双边学术会议和多边学术会议。双边学术会议是指与会者仅来自两个国家；多边学术会议是指与会者来自三个及三个以上国家。

　　国际学术会议是各国派遣的学者代表或来自不同国家的学术人士的聚会，与会者就共同关心的学术问题进行讨论和交流。国际学术会议组织者应当经过事先安排，讨论的内容应当预先得到确认和限定，并按照学术共同体的规则行事。国际学术会议最根本的原则是国与国之间的平等，正式的与会代表均享有同等的代表权和交流权，会议的时间、地点、议程、交流语言等应尊重与会者的选择。

　　目前，关于国际学术会议的分类，还众说纷纭，其原因主要是分析者角度各异。如果按地理范围分，国际学术会议可分为世界性学术会议、区域或地区学术会议等。

在国际上,不同的学术会议有不同的用词。

meeting:会议,最一般的用词,规模可大可小,层次可高可低,可以是正式或非正式的聚会。

conference:大会,较正式用词,使用范围甚广,多数国际学术会议用此词。

congress:代表大会,由正式代表出席的会议,一般规模较大。

committee:委员会,如专家委员会、常设委员会、指导委员会、组织委员会。

council:理事会,有任期的咨询或立法组织,如国际科学理事会。

symposium:研讨会,主要指专题性的学术会议。

seminar:讲习会、讲授性质的学习班等。

round-table:圆桌会议,不分席次以示平等的学术会议。

panel:专题小组讨论会,带有评议和答询性质。

forum:论坛,讨论大众关心的学术问题的集会。

思考题

1. 简述会议文献的概念及特点。
2. 会议文献有哪几种出版形式?
3. 请上网查找你所学专业近三年来国际学术会议的举办情况。
4. ISTP 的全称是什么?该数据库的检索方式有哪几种?

第 9 章　电子图书及其检索

电子图书是数字图书馆建设的核心电子资源之一,目前电子图书产品已得到迅速发展,出现了一些专门的中外文电子图书数据库。本章重点介绍国内电子图书数据库及其检索。

9.1　电子图书概述

电子图书(electronic book)是相对于传统的纸质图书而言的,是一种崭新的文献资料出版形式。它是以电子数据的方式将图片、文字、声音、影像等文献信息存储在磁、光、电介质上,通过计算机或具有类似功能的交互设备予以阅读的图书。电子图书具有制作简便、使用便捷、海量存储、节省空间以及下载方便、价格便宜等特点。

> **小贴士**
>
> 北宋毕昇发明的活字印刷术,延绵了 900 多年。而成立于 1997 年的美国 E-Ink 公司(现已被 E Ink 元太科技全资收购),却仅花了 13 年就改变了人们靠纸张阅读的习惯。在 2009 年,亚马逊的 Kindle 电子书系列和国产品牌汉王电子书早已赚得盆满钵满。2010 年 1 月下旬,国内电子书市场的启动开始加速,众多 IT 巨头开始大举进军这块新兴领域。美国市场情报公司 iSuppliCorp 曾预计,2010 年电子书阅读器的销量将达到 1 200 万台,2012 年达到 1 800 万台。一场新的数字阅读革命,正在逐渐改变我们的生活。

9.1.1　电子图书的种类

1. 封装型电子图书

封装型电子图书也称光盘电子图书,是以 CD-ROM 为存储介质,只能在计算机上单机阅读的图书。

2. 网络型电子图书

网络型电子图书是指以互联网为媒介,以电子文档方式发行、传播和阅读的电子图书。网络型电子图书可以跨越时空和国界,为全球读者提供全天候服务。网络型电子图书的阅读渠道主要有免费的网络型电子图书网站和收费的网络型电子图书系统。免费的网络型电子图书网站大体可分为公益网站、商业网站和个人网站,其中较具代表性的有中国青少年新世纪读书网(http://www.cnread.net)等。需付费的网络型电子图书系统的代表有超星、书生之家、方正 Apabi 和中国数字图书馆等。

3. 便携式电子图书

便携式电子图书介于封装型电子图书和网络型电子图书之间,特指一种存储了电子图书内容的电子阅读器,人们可以在这种电子阅读器的显示屏上阅读存放在其中的各种图书。一个电子阅读器中可存放成千上万页的图书内容,并且图书内容可不断购买增加。

> **小贴士**
>
> 汉王电纸书 N516 精华版就是一种便携式电子阅读器,配备一块 5 英寸 E-Ink 屏幕,分辨率为 800×600dpi,8 阶灰度,内置 500 本正版图书,自带 320 MB 存储空间,参考价格为 1 880 元(2010 年 2 月)。

9.1.2 中文电子图书全文数据库

中文电子图书全文数据库诞生于 20 世纪 90 年代末,目前国内四大中文电子图书全文数据库分别是超星、书生之家、方正 Apabi 和中国数字图书馆。其中超星、书生之家和方正 Apabi 三种电子图书系统经过技术处理,可与图书馆集成管理系统的 OPAC 链接,读者在检索 OPAC 印刷型图书时可检索到相关的电子图书,并可直接在线阅读或下载阅读,极大地方便了读者对图书馆印刷型图书和电子图书的综合利用。上述三大电子图书系统均提供中心网站和镜像站点两种服务方式。前者针对个人用户发行读书卡,用户通过互联网登录中心网站检索阅读电子图书;后者针对集体用户建立电子图书镜像站点,用户通过有 IP 地址权限的计算机登录镜像站点服务器检索阅读电子图书。

读者首次阅读电子图书时必须先在本地计算机上下载安装各电子图书数据库专门配备的全文阅读器。

> **小贴士**
>
> OPAC(online public access catalogue,联机公共目录查询)是读者利用计算机终端来查询图书馆馆藏数据资源的一种现代方式。读者可根据书名、作者、ISBN、年份、出版者等已知条件来查询图书馆是否收藏了某书以及个人的借阅权限、可借

阅册数、借阅时间等相关的信息(校园网内任意一台电脑都可以进行 OPAC 查询)。

1. 超星电子图书

超星电子图书(http://www.ssreader.com)是北京世纪超星信息技术发展有限责任公司于 2000 年推出的一种图像格式的电子图书系统,主要以旧书回溯为主,一般不收录近两年内出版的新书。全库收录的电子图书涉及政治、经济、文学、艺术、工业技术、生物科学、医学等 20 多个大类。任何用户均可在任何地点通过网络登录超星网站,通过分类找到图书,免费阅读每本图书的前 17 页。超星电子图书首页如图 9-1 所示,系统提供了快速检索、高级检索和图书分类浏览三种检索方式。

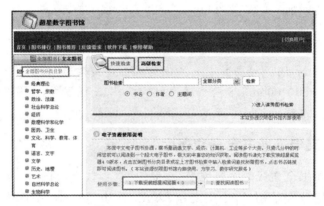

图 9-1　超星电子图书首页

2. 书生之家电子图书

书生之家电子图书是书生公司于 2000 年推出的一种图像格式的电子图书。书生之家电子图书一般要比同种印刷型图书滞后 1~2 年出版发行,目前全库收录的电子图书涉及文学、艺术、经济管理、教材教参、农业、教育、工业技术、计算机、语言文字、建筑等各大学科类别。

书生之家电子图书提供中心网站和镜像站点两种服务方式,用户购买服务卡后可在任何地点通过网络登录中心网站借阅所需图书。书生之家电子图书首页如图 9-2 所示,系统提供了基本检索、高级检索和图书分类浏览三种检索方式。

3. 方正 Apabi 电子图书

方正 Apabi 电子图书是北京北大方正电子有限公司于 2001 年推出的电子图书数据库,目前已经与高等教育出版社、电子工业出版社、清华大学出版社、北京大学出版社、人民邮电出版社等 400 余家出版社正式合作。全库收录 2000 年以后出版的图书,主要涉及计算机、外语、经济管理、文学、传记、文化艺术、工具书、CALIS

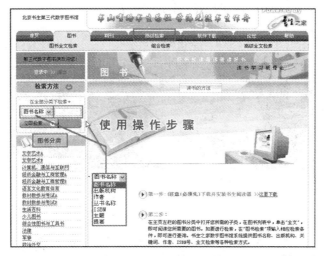

图 9-2　书生之家电子图书首页

教学参考书以及考试用书等综合类图书。方正 Apabi 电子图书提供中心网站和镜像站点两种服务方式。方正 Apabi 电子图书首页如图 9-3 所示,系统提供了快速查询、高级检索和图书分类浏览三种检索方式。

图 9-3　方正 Apabi 电子图书首页

4. 中国国家图书馆

中国国家图书馆(http://www.nlc.cn)是国家总书库、国家书目中心、国家古籍保护中心、国家典籍博物馆。它履行国内外图书文献收藏和保护的职责,指导协调全国文献保护工作;为中央和国家领导机关、社会各界及公众提供文献信息和参考咨询服务;开展图书馆学理论与图书馆事业发展研究,指导全国图书馆业务工作;对外履行有关文化交流职能,参加国际图联及相关国际组织,开展与国内外图书馆的交流与合作。中国国家图书馆首页如图 9-4 所示。

图 9-4　中国国家图书馆首页

9.2　电子图书检索方法

电子图书一般有书名、作者（著作或责任者）、主题、出版机构、ISBN 和丛书名称等检索字段供读者检索。国内几家电子图书系统的检索方法大同小异，本节将以超星电子图书为例，详细讲解电子图书的检索方法。

1. 快速检索

快速检索是超星电子图书系统默认的检索，如图 9-1 所示，首先在输入框中输入要检索的内容，然后点击选择检索字段。系统提供了三个可供选择的检索字段，即书名、作者和主题词，其中书名是系统的默认字段。只要选择好检索字段，输入查询内容，点击"检索"按钮就可以查询了。

2. 图书分类浏览

图书分类浏览功能主要是针对超星的电子图书而言的。超星电子图书的分类是多层次多级别的，51 个大类之下还有二级、三级类目，浏览图书时可根据要查询图书的学科内容一级一级地点击，到最后一级就可看到具体的书名、作者、页数等信息，点击书名即可阅读或下载该图书。

3. 高级检索

点击"高级检索"按钮，进入"高级检索"界面，如图 9-5 所示。检索时读者可选择书名、作者、主题词三个不同的检索字段，并输入相应的检索词，再确定各检索词之间的逻辑关系,最后点击"检索"按钮,即可完成检索。

高级检索功能还提供了出版年限、按出版日期或书名排序、选择检索范围等精确检索的功能。

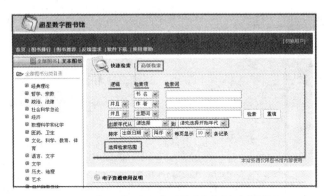

图 9-5　超星电子图书系统"高级检索"界面

9.3　检 索 案 例

例　检索作家路遥的图书。

检索步骤如下。

(1)打开超星电子图书,进入"快速检索"界面(默认界面),在输入框中输入"路遥",并选择"作者"字段,点击"检索"按钮,就检索到 6 本图书了,如图 9-6 所示。

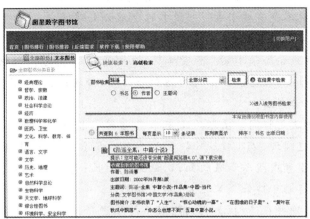

图 9-6　检索结果(17)

(2)点击图书"《路遥全集:中篇小说》",就可以看到原文,如图9-7所示。注意要查看原文一定要在本机上安装"超星浏览器"(点击"软件下载"→"超星阅读器4.0"→安装)。

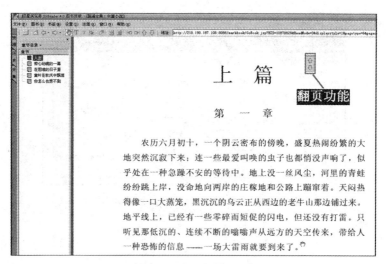

图9-7　查看图书原文

视野扩展

学会读书——和大学生谈谈读书方法

1. 设置目标读书法

郭沫若在《我的读书经验》一文中说:"读书的方法大体上要看自己是为了什么目的,有为学习而读书,有为研究而读书,有为创作而读书,有为娱乐而读书。目的不同,方法上也就不免有些小异。""读书时也不必全部读完,有时候仅仅读得几页或几行,便可以得到一些暗示,而不可遏止地促进写作的兴趣。"为研究而读书时,"我的方法是:(一)直探本源,不受前人的约束;(二)搜罗一切资料,集腋成裘;(三)对于资料毫不留情、毫不惜力地加以检查,必须彻底,绝不放松。"

2. 同类比较读书法

这种读书方法是将同一主题的几本书或者同一书的不同版本、原著和参考资料等放到一起,边阅读、边比较。比较阅读有助于深化对同一问题的认识;有助于从多方面、多角度考虑问题和吸收知识,避免片面性;有助于发现矛盾,弄清是非,激发学习兴趣;有助于博采众家之长,相互补充。

著名学者钱钟书在读《拉奥孔》时,联系起来进行阅读和思考的作品多达近百种。他的美学专著《管锥编》是我国文艺比较学的奠基性作品。清初诗人钱谦益读书时常取一书的两种版本对照阅读。英国天文学家哈雷26岁时,对300年来有关彗星的资料进行比较、对照、分析、研究,终于找出了彗星的规律,发现了哈雷彗星。

3. 分配读书法

分配读书法主要从三方面进行。①多样化安排读书内容,避免单一。居里夫人说:"我同时读几种书,因为研究一种东西会使我的宝贵头脑疲倦,它已经太辛苦了。若是在读书的时候觉得完全不能从书里吸收有用的东西,我就做代数和三角习题,这是稍微分心就做不出来的,这样它们又把我引回正路去。"②合理地分配读书时间,在脑力活动最佳时读重要书籍,其他时间穿插安排读其他非重点和消遣性书刊。英国作家毛姆主张同时读五六本书,清晨读科学和哲学著作,工作完毕时读历史、散文、评论,晚间读小说,手边放一本诗集,有兴趣时诵读几首。③劳逸结合,适当运动和休息。

4. 扫读与跳读方法

扫读是英文 scanning 的翻译,也有称快读或速读的。scan 可译为"仔细地审视",也可译为"粗略地浏览",二者结合便是对扫读的绝好说明。从形式上看,扫读是粗略地一扫而过,一目十行甚至一目一页;但读者的注意力必须高度集中,在快速阅读中仔细挑选出重要信息。扫读是人们查找资料时常用的一种方法,著名学者蔡尚思在进入南京国家图书馆后,采用"简批而不自抄的快速读法","以与时间竞赛的精神冲破图书资料关",进行大规模扫读,两三年内完成了预定的目标。

跳读是英文 skimming 的不确切译文,也译作泛读或略读。它与扫读的区别在于它是跳跃性的,可以略去一些内容不读。英国作家毛姆在《书与你》中专列"跳读"一节,他说:"如果你使用跳读的艺术,读起来会更加愉快。"美国教育家爱德华·弗莱的跳读方法是:先以最快的正常阅读速度读完文章一、二段,了解文章的大意、背景和作者的风格、语调语气等,然后在各段中跳读几个关键的句子,找出整个文章的大意和一些论据。

总之,该快速阅读的地方一扫而过,该略去的地方跳跃过去,阅读中把握文献信息精髓所在,这就是扫读和跳读的精妙之处。

对每一个个体读者而言,可以从众多的先贤读书经验中吸取适合自己的精华,在具体阅读过程中找出对自己来说最有效的阅读方法。

思考题

1. 简述电子图书的种类。
2. 简述我国主要的电子图书系统。
3. 简述方正 Apabi 电子图书收藏资源的特点。

4. 简述超星电子图书系统的检索和使用方法。

5. 在方正教参电子图书数据库中,查找一本与你的专业相关的图书,写出书名、责任者、出版社、出版地、出版日期、纸质版本价格、中图法分类号和国际标准书号(ISBN)。

第 10 章　网络免费信息资源及其获取

对于馆藏文献资源建设而言，无论是公共或高校图书馆，还是大型或小型图书馆，都面临着有偿数据库难以满足读者各方面需求的窘境。而网络免费信息资源散见于国内外数不胜数的各类网站上，如果加以搜索、鉴别、存储、整序、开发和利用，可以形成规模利用效应。

10.1　网络免费信息资源概述

网络免费信息资源是指在互联网上可以免费获得的具有学术研究价值的社会科学或自然科学领域的信息资源。

网络免费信息资源种类多样，分布广泛。充分利用网络免费信息资源是现代信息利用模式的必然。随着网络技术的不断发展，人们越来越重视通过网络来挖掘和获取信息资源；同时网络免费信息资源也必将日益增多和普及。

◆ 小贴士

RSS(really simple syndication,简易信息整合)是在线共享内容的一种简易方式。通常在时效性比较强的内容上使用 RSS 订阅能更快速获取信息，网站提供 RSS 输出，有利于让用户获取网站内容的最新更新。网络用户可以在客户端借助支持 RSS 的聚合工具软件，在不打开网站内容页面的情况下阅读支持 RSS 输出的网站内容。

简单地说，如果你想关注一个博客、论坛或新闻事件等，但又不知道什么时候更新，这时候 RSS 技术就能帮上忙了，它会把你关注的内容"推送"到你的 RSS 阅读器上，RSS 有点像订阅报纸或者短信，有新的内容它就会自动提醒你。

订阅 RSS 新闻内容的方法很简单，先安装 RSS 阅读器，再将提供 RSS 服务的网站加入 RSS 阅读器的频道即可。大部分 RSS 阅读器本身也预设了部分 RSS 频道，如新浪新闻、百度新闻等。现在有多款流行的 RSS 新闻阅读器，常用的包括周博通 RSS 阅读器、看天下网络资讯浏览器等。

10.2 网络免费信息资源获取

网络免费信息资源可以通过专业搜索引擎、网络资源导航系统、专业信息机构、FTP信息资源学术专业论坛、专家个人网页或BLOG、邮件列表和新闻组等途径获取。下面介绍获取网络免费信息资源的三种主要途径。

10.2.1 通过专业搜索引擎获取

1. 百度学术搜索

百度学术搜索(http://xueshu.baidu.com),是一个提供海量中英文文献检索的学术资源搜索平台,内容涵盖各类学术期刊、会议论文,旨在为国内外学者提供最好的科研体验。使用百度学术搜索可以进行精确的筛选,并且可以对文献的相关性、被引用频次以及发表时间等进行排序,还可以点击右侧的高级搜索,通过检索词、作者、出版物以及发表时间等进行详细的搜索,对文献进行更加精确的查找。通过百度学术搜索得到的文献,有些需要付费,有些可以免费下载使用。百度学术搜索首页如图10-1所示。

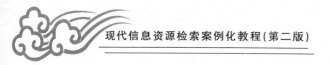

图10-1 百度学术搜索首页

2. Google Scholar

Google Scholar(https://ac.scmor.com)是Google于2004年底推出的专门面向学术资源的免费搜索工具,能够帮助用户查找包括期刊论文、学位论文、书籍、预印本、文摘和技术报告在内的学术文献,内容涵盖自然科学、人文科学、社会科学等多种学科。其首页如图 10-2 所示。

图 10-2 Google Scholar 首页

10.2.2 通过网络资源导航获取

学科导航系统是以学科为单元,提供网络学术资源分类浏览和检索的导航系统,目前国内外许多高校图书馆或联合或分别建立了学科导航系统。

1. 虫部落·快搜

虫部落·快搜(https://search.chongbuluo.com)集 Web 网页搜索、Google 学术搜索、图片、聚合搜索于一体,为人们提供极速的搜索体验。虫部落·快搜首页如图 10-3 所示。

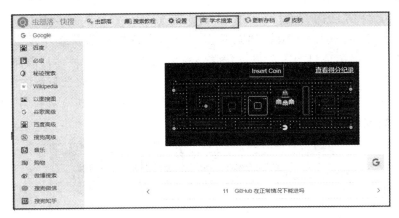

图 10-3 重点学科网络资源导航库首页

2. 国家科技图书文献中心

国家科技图书文献中心(National Science and Technology Library,NSTL)(http://www.nstl.gov.cn)是根据国务院领导的批示,于 2000 年 6 月 12 日组建

的一个虚拟的科技文献信息服务机构，成员单位包括中国科学院文献情报中心、中国科学技术信息研究所、机械工业信息研究院、冶金工业信息标准研究院、中国化工信息中心、中国农业科学院农业信息研究所、中国医学科学院医学信息研究所、中国计量科学研究院文献馆。其首页如图 10-4 所示。

图 10-4　国家科技图书文献中心首页

3. 化学学科信息门户

化学学科信息门户（The Chemical Information Network，ChIN）（http://chemport.ipe.ac.cn）是中国科学院知识创新工程科技基础设施建设专项——国家科学数字图书馆项目的子项目。化学学科信息门户建设的目标是面向化学学科（包括化工），建立并可靠运行 Internet 化学专业信息资源和信息服务的门户网站，提供权威和可靠的化学信息导航，整合文献信息资源系统及其检索利用，并逐步支持开放式集成定制。其首页如图 10-5 所示。

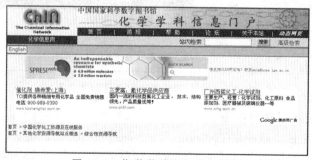

图 10-5　化学学科信息门户首页

10.2.3 通过专业信息机构获取

访问专业信息机构的网络数据库。国内外许多专业信息机构和组织都不同程度地提供一些免费的网络数据库,如清华同方数据(http://www.cnki.net)中的中国期刊全文数据库、重庆维普数据(http://www.cqvip.com)中的中文科技期刊数据库,均向用户提供题录、文摘的免费检索服务。

1. 中国科学院数据云

中国科学院数据云(http://www.csdb.cn)里的科学数据库内容涵盖化学、生物、天文、材料、腐蚀、光学机械、自然资源、能源、生态环境、湖泊、湿地、冰川、大气、古气候、动物、水生生物、遥感等多种学科。中国科学院数据云由中国科学院各学科领域几十个研究所的科研人员参加建设,数据库种类包括数值库、事实库和多媒体库。中国科学院数据云为中国科学院乃至我国积累了一批宝贵的科学数据资源,成为中国科学院乃至我国科技创新的重要基础数据平台。中国科学院数据云首页如图10-6所示。

图10-6 中国科学院数据云首页

2. 中国科技论文在线

中国科技论文在线(http://www.paper.edu.cn)是经教育部批准,由教育部科技发展中心主办的科技论文网站。它利用现代信息技术手段,免去传统的评审、修改、编辑、印刷等程序,给科研人员提供一个方便、快捷的交流平台,提供及时发表成果和新观点的有效渠道,从而使新成果得到及时推广,使科研创新思想得以及时交流。中国科技论文在线首页如图10-7所示。

3. Journal Storage

Journal Storage(简称JSTOR,http://www.jstor.org)是一个对过期期刊进

图 10-7　中国科技论文在线首页

行数字化的非营利性机构，于 1995 年 8 月成立。目前 JSTOR 的全文库是以政治学、经济学、哲学、历史等人文社会学科主题为中心，兼有一般科学性主题共二十九个领域的代表性学术期刊的全文库，从创刊号到最近两三年前过刊都可阅读全文。Journal Storage 首页如图 10-8 所示。

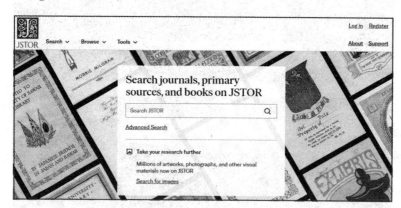

图 10-8　Journal Storage 首页

4. FindArticles

FindArticles(http://www.findarticles.com/)提供多种顶极刊物的上百万篇论文，涵盖艺术与娱乐、汽车、商业与经融、计算机与技术、健康与健身、新闻与社会、体育等各个方面的内容。其首页如图 10-9 所示。

5. arXiv

预印本服务系统 arXiv(http://arxiv.org)基于学科的开放存取仓储，旨在促进科学研究成果的交流与共享。目前它包含物理学、数学、非线性科学、计算机科学和量化生物等 5 个学科共计 44 万余篇预印本文献。arXiv 首页如图 10-10 所示。

第 10 章　网络免费信息资源及其获取

图 10-9　FindArticles 首页

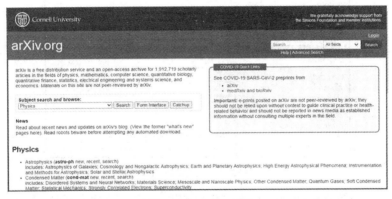

图 10-10　arXiv 首页

6. BioMed Central

BioMed Central（以下简称 BMC）（http://www.biomedcentral.com）是一家网络出版商，主要出版生物学和医学领域的研究文献，内容涵盖麻醉学、生物化学、生物信息学、生物技术、癌症等 57 个分支学科。BMC 网站自 2000 年创建以来，已有 102 种以上的 BMC 同行评审刊在网上免费提供，BMC 网站的注册用户无须付费就可访问这些期刊的全文。BMC 出版社基于"开放地获取研究成果可以使科学进程更加快捷有效"的理念，坚持在 BMC 网站免费为读者提供信息服务，其首页如图 10-11 所示。

7. All Academic

All Academic（http://www.allacademic.com）是由俄勒冈大学的教师于 1999 年创建的，提供了 370 个高质量出版物站点的直接访问。其首页如图 10-12 所示。

8. DOAJ

DOAJ（Directory of Open Access Journals）（http://doaj.org）是由瑞典 Lund

167

图 10-11　BioMed Central 首页

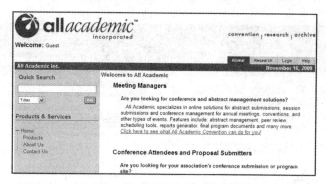

图 10-12　All Academic 首页

University 图书馆创建和维护的开放获取期刊资源目录检索系统,其宗旨是增加开放存取学术期刊的透明性、可用性、易用性,提高期刊的使用率,扩大学术成果的影响力。DOAJ 首页如图 10-13 所示。

图 10-13　DOAJ 首页

9. PubMed Central

PubMed Central(简称 PMC)(http://www.ncbi.nlm.nih.gov/pmc)是 2000 年 1 月由美国国家医学图书馆(NLM)的国家生物技术信息中心(NCBI)建立的生命科学期刊全文数据库,它旨在保存生命科学期刊中的原始研究论文的全文,并在全球范围内提供免费使用服务。该数据库提供了与 PMC 全文的链接以及与数千种期刊网站的链接,其首页如图 10-14 所示。

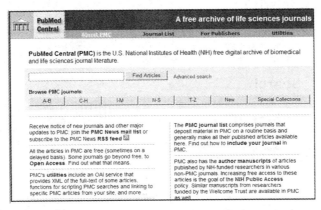

图 10-14　PubMed Central 首页

10. IEEE

IEEE(Institute of Electrical and Electronics Engineers,电气与电子工程师协会)(http://ieeexplore.ieee.org/xplore/guesthome.jsp)是一个非营利性组织,是国际著名专业技术协会的发展机构,目前已收录了 140 万篇在线文献,每年组织 300 多次专业会议,其首页如图 10-15 所示。

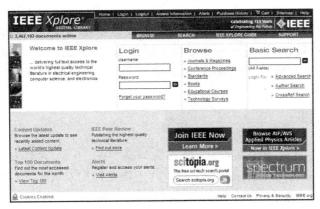

图 10-15　IEEE 首页

11. MIT 机构收藏库

MIT 机构收藏库(http://dspace.mit.edu)是使用 Dspace 开源软件开发的一个数字化成果存储与交流知识库,收录美国麻省理工学院教学科研人员和研究生提交的论文(包括已发表和待发表)、会议论文、预印本、学位论文、研究与技术报告、工作论文和演示稿全文等。MIT 机构收藏库首页如图 10-16 所示。

图 10-16　MIT 机构收藏库首页

10.3　检　索　案　例

例　目前,"智能"是一个热门词汇,智能硬件市场已经进入启动期,智能硬件已经从可穿戴设备,如智能眼镜等延伸到智能家居、智能汽车、智能交通、智能玩具、智能机器人等领域,利用 DOAJ 网站找一篇有关"智能传感器"方面的免费外文全文文献。

检索步骤如下。

(1)首先进行翻译:"智能传感器"→"smart sensor"。

打开 DOAJ 网站(https://doaj.org),勾选"Articles",再选择"Title"检索字段,在输入框中输入"smart sensor",这里两个检索词加双引号,目的是使检索结果中这两个检索词出现在一起,检索界面如图 10-17 所示。

第 10 章　网络免费信息资源及其获取

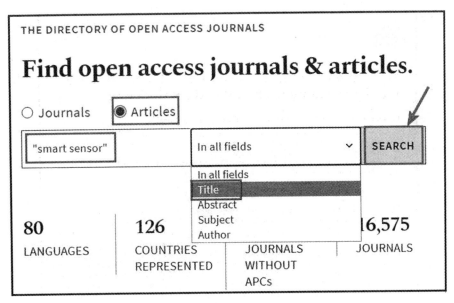

图 10-17　检索界面

（2）检索结果如图 10-18 所示。

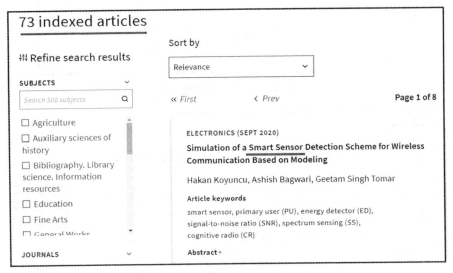

图 10-18　检索结果（18）

点击标题名后，到下一页面可以查看论文的摘要信息，再点击"Read online"，到下一界面再点击"Download PDF"，就可以看到全文文献，如图 10-19 所示。

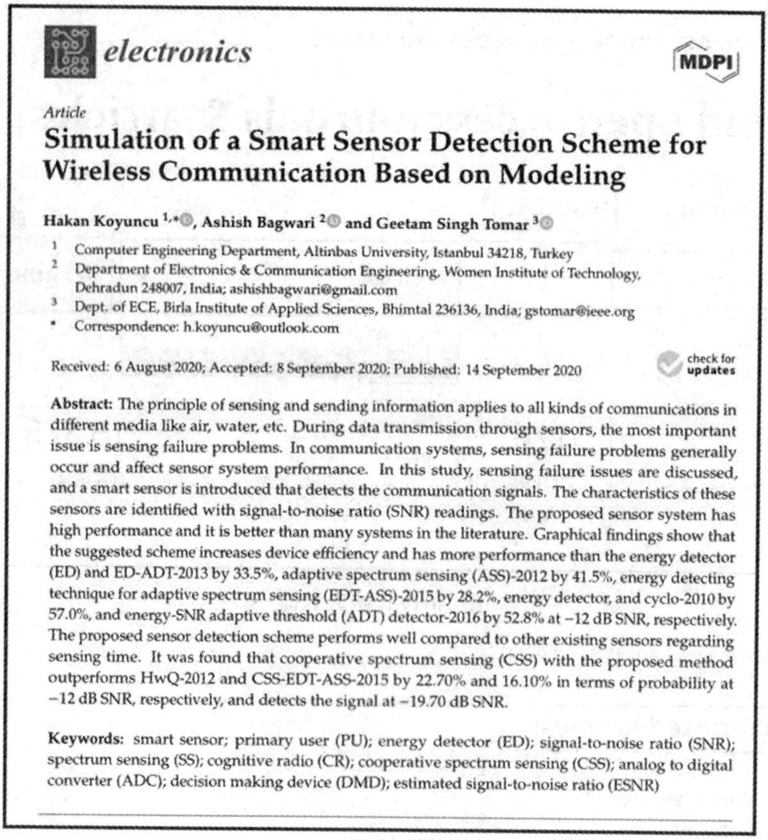
electronics

MDPI

Article

Simulation of a Smart Sensor Detection Scheme for Wireless Communication Based on Modeling

Hakan Koyuncu [1,*], Ashish Bagwari [2] and Geetam Singh Tomar [3]

1 Computer Engineering Department, Altinbas University, Istanbul 34218, Turkey
2 Department of Electronics & Communication Engineering, Women Institute of Technology, Dehradun 248007, India; ashishbagwari@gmail.com
3 Dept. of ECE, Birla Institute of Applied Sciences, Bhimtal 236136, India; gstomar@ieee.org
* Correspondence: h.koyuncu@outlook.com

Received: 6 August 2020; Accepted: 8 September 2020; Published: 14 September 2020

check for updates

Abstract: The principle of sensing and sending information applies to all kinds of communications in different media like air, water, etc. During data transmission through sensors, the most important issue is sensing failure problems. In communication systems, sensing failure problems generally occur and affect sensor system performance. In this study, sensing failure issues are discussed, and a smart sensor is introduced that detects the communication signals. The characteristics of these sensors are identified with signal-to-noise ratio (SNR) readings. The proposed sensor system has high performance and it is better than many systems in the literature. Graphical findings show that the suggested scheme increases device efficiency and has more performance than the energy detector (ED) and ED-ADT-2013 by 33.5%, adaptive spectrum sensing (ASS)-2012 by 41.5%, energy detecting technique for adaptive spectrum sensing (EDT-ASS)-2015 by 28.2%, energy detector, and cyclo-2010 by 57.0%, and energy-SNR adaptive threshold (ADT) detector-2016 by 52.8% at −12 dB SNR, respectively. The proposed sensor detection scheme performs well compared to other existing sensors regarding sensing time. It was found that cooperative spectrum sensing (CSS) with the proposed method outperforms HwQ-2012 and CSS-EDT-ASS-2015 by 22.70% and 16.10% in terms of probability at −12 dB SNR, respectively, and detects the signal at −19.70 dB SNR.

Keywords: smart sensor; primary user (PU); energy detector (ED); signal-to-noise ratio (SNR); spectrum sensing (SS); cognitive radio (CR); cooperative spectrum sensing (CSS); analog to digital converter (ADC); decision making device (DMD); estimated signal-to-noise ratio (ESNR)

图 10-19　PDF 格式的全文

视野扩展

OA——文献资源的自由、开放、获取与共享

1. OA 简介

OA(open access，开放存取)是国际科技界、学术界、出版界、信息传播界为利用网络自由传播科研成果而发起的运动，通过网络技术，任何人可以免费获得各类文献。OA 是基于订阅的传统出版模式以外的另一种选择，通过新的数字技术和网络化通信，任何人都可以及时、免费、不受任何限制地通过网络获取各类文献。

视野扩展——OA 资源检索

OA 兴起于 2001 年底的“布达佩斯开放存取倡议”(Budapest open access initiative，BOAI)。该倡议指出，OA 是指某文献在互联网公共领域里可以被免费

获取，允许任何用户阅读、下载、拷贝、传递、打印、检索、超链接该文献，用户在使用该文献时不受财力、法律或技术的限制，只需在存取时保持文献的完整性及作品被确认接受和引用。

OA 的出版形式主要有 OA 期刊(open access journal，OAJ)和开放存取仓储(open access repositories and receives，OARR)。

2. OA 资源

1) 国内 OA 资源

(1) 中国科技论文在线(http://www.paper.edu.cn)：经教育部批准，由教育部科技发展中心主办。

(2) OA 图书馆(http://www.oalib.com)：致力于让中国人可以免费获得高质量的文献。OA 图书馆使学者可以免费下载学术文献和论文。

(3) SOCOLAR 资源一站式检索服务平台(http://www.socolar.com/)：由中国教育图书进出口有限公司推出，旨在为用户提供 OA 资源的一站式检索服务。

(4) 厦门大学学术典藏库(http://dspace.xmu.edu.cn/dspace/)：主要用来存储厦门大学教学和科研人员的具有较高学术价值的学术著作、期刊论文、工作文稿、会议论文、科研数据资料，以及重要学术活动的演示文稿等。

2) 国外 OA 资源

(1) HighWire(http://highwire.stanford.edu/)。HighWire Press 是提供免费全文的、全球最大的学术文献出版商之一。

(2) Open J-Gate(http://www.openj-gate.com/)。Open J-Gate 是世界最大的 OA 英文期刊入口网站之一，可链接到百万余篇全文。

(3) Public library of Science(http://www.plos.org/)。它使全球范围科技和医学领域文献成为可免费获取的公共资源，对所有在线读者免费。

(4) DOAJ (Directory of Open Access Journals)(http://doaj.org)。DOAJ 是由瑞典 Lund University 图书馆创建和维护的开发存取期刊资源。

(5) OAIster(http://www.oaister.org)。它是提供电子图书、电子期刊、录音、图片及电影等数字化资料"一站式"检索的门户网站，被美国图书馆协会评为 2003 年度最佳免费参考网站。

(6) FreeFullText.Com (http://www.freefulltext.com)。该网站维护了一个超过 7 000 种的提供免费阅读全文的网络学术期刊资源列表。

思考题

1. 可以通过哪些专业搜索引擎获取网络免费信息资源？

2. 可以通过哪些网络资源导航系统获取网络免费信息资源？

3. 可以通过哪些专业信息机构获取网络免费信息资源？

4. 简述 OA 的国内资源。

第 11 章 检索效果评估与提高

互联网的普及,使得找到信息资源变得简单,但是找到有用的、可靠的、针对性较强的资源比较困难。有时,我们花费大量的时间、精力,而得不到自己所需要的信息。因此,我们必须花时间学习和研究检索效果的评估以及检索效果的提高。

11.1 检索效果评估

检索效果是指利用检索系统(或工具)开展检索服务时所产生的有效结果。随着计算机和网络的推广普及,人们对网上资源的需求日益增长,网上数据越来越多、越来越大,组织大量数据已不成问题,但检索效果成了网络信息检索发展的瓶颈。

对检索效果的评估可以从三个方面进行:质量标准、费用标准和时间标准。质量标准主要通过查全率与查准率进行评估;费用标准即检索费用,是指用户为检索课题所投入的费用;时间标准是指花费的时间,包括检索准备时间、检索过程时间和获取文献时间等。查全率和查准率是判定检索效果的主要标准,而费用标准和时间标准相对来说次要一些。

查全率指检出的相关文献量与文献库内相关文献总量的比率,它反映该系统文献库中实有的相关文献在多大程度上被检索出来。

$$查全率 = \frac{检出的相关文献量}{文献库内相关文献总量} \times 100\%$$

查准率指检出的相关文献量与检出的文献总量的比率,是衡量信息检索系统检出文献准确性的尺度。

$$查准率 = \frac{检出的相关文献量}{检出的文献总量} \times 100\%$$

查全率与查准率是评估检索效果的两项重要指标。查全率和查准率与信息的存储和检索两个方面是直接相关的,也就是说,与系统的收录范围、索引语言、标引工作和检索工作等有着非常密切的关系。查全率与查准率在一定程度上是呈反比关系的,提高查全率要以牺牲部分查准率为代价,反之亦然。在不同的情况下,对二者的要求也不同,有时文献全面更为重要,这时就要以提高查全率为重点;有时希望找到的文献准确率更高,这时就以提高查准率为重点。在实际操作中,应当根据具体信息的检索需要,合理调节查全率和查准率,保证检索效果。

11.2 扩大检索与缩小检索

11.2.1 扩大检索

一般情况下,对查全率要求较高的检索课题,可以从扩大检索入手。

(1)选用多个检索系统(工具)或同一检索系统中的多个数据库文档。因为不同的检索系统有不同的收集范围和准则,选用多个检索系统,虽然检索结果重复现象增多,但查全率也会相应提高,在检索过程中增加数据库或文档的数量无疑提高了查全率。

(2)降低检索词的专指度。尤其是对于采用受控语言检索的系统,可以从系统词表(主题分类表、叙词表等)或命中文献中选一些上位词进行检索或者在上位类目中进行检索。

(3)调节检索式的网络度,可以删除某个不重要的概念组面。例如某课题有A、B、C、D、E等主题概念,进行逻辑与组配时,如果建库人员未从原始文献中把C主题词挑选出来作为标引词,则该C主题词表现为零,整个检索式等于零,此时应删除C主题词的概念组面。

(4)采用截词检索。截词的形式通常有前方一致、后方一致和中间一致三种。有的检索系统提供了截词检索功能,运用这样的检索系统从事网络信息检索时,可以采用系统规定的截词符对某一单元词可能构成的全部复合词进行检索,这肯定有助于增加命中文献的数量。当然,另一方面,采用截词检索也可能导致误检。

(5)利用布尔逻辑"或"("OR"),连接同义词、近义词或词的不同拼写形式,即增加连接的相关检索词。在人类语言中,词的同义关系普遍存在,这些相关的检索词用逻辑"或"("OR")运算符连接,将会增加命中文献的数量。

(6)取消某些过严的限制,适当使用关键字或词在标题、文摘,甚至全文中查找。例如 CNKI 数据库,如果使用关键字或词在关键词字段中检索,效果不理想,可以考虑使用同样的关键字或词在篇名、中文摘要,甚至全文中检索。

11.2.2 缩小检索

一般情况下,对查准率要求较高的检索课题,可以从缩小检索入手。

(1)提高检索词的专指度。降低检索词的专指度,可以增大查全率;提高检索词的专指度,自然会提高查准率。

(2)提高检索式的网络度。通常的做法是在检索式中增加概念组面数,这样就提高了检索式的网络度。

(3)增加概念进行限制。用逻辑"与"("AND")连接主题词来限定主题概念的相关检索项,或者利用逻辑"非"("NOT")限制一些不相关的概念,这样的限定可以缩小检索范围。

(4)利用某些检索系统所提供的限定检索功能。这是计算机检索系统广泛采用的一种检索方法,它可以缩小检索范围,减少无关信息的输出,从而实现缩检的目标。例如在维普数据库中,我们可以利用扩展检索条件,如时间条件、专业限制、期刊范围等进行限制检索。

(5)利用某些检索系统提供的二次检索功能。二次检索指以任意一次的检索结果的范围为基础,选用新的检索词进一步缩小范围,进行逐次逼近检索。

11.3 检索词的选取规律

如今,在计算机检索系统中,检索界面友好,功能强大,简单易用,用户无须进行太多的培训,就能从事计算机检索。但从用户从事计算机检索的实践看,检索的效果远没有人们想象的那么有效。利用计算机检索时,检索词选取得准确与否,往往是检索成败的关键。

1. 利用主题词表获取隐性主题

所谓隐性主题,就是在题目中没有文字表达,经分析、推理得到的有检索价值的概念,又称分析主题。例如课题"能取代高残杀菌剂的理想品种",其主题似乎只有"杀菌剂、(新)品种",但实际隐含有"高效低毒农药"的隐性主题,因此,在检索中应加上"高效低毒农药"这样的术语。隐性主题获取的方法如下。

(1)利用《汉语主题词表》查寻隐性主题。《汉语主题词表》中的主题款目包括属、分、参照项,其中属、分项可用于查寻从属隐性主题,如战斗机属军用飞机,分战斗轰炸机;参照项可用于查寻相近隐性主题,如光纤通信参照光学纤维、玻璃纤维、纤维光学。

(2)利用词族表查寻隐性主题。利用词族表按词间等级关系成族展开的特点,可将之用于查寻隐性主题。例如检索课题"高温合金",在族首词"合金"下可查到耐热台金、镍铬耐热合金、超耐热合金、镍耐热合金。

(3)利用范畴表查寻隐性主题。范畴表具有把相同专业主题词集中的特点,可用于查寻隐性主题。例如检索课题"飞机舱",在"航空器"类可查得炸弹舱、座舱、增压座舱、可抛座舱、短舱、吊舱、发动机舱。

2. 运用与选定检索词概念相同或相近的词

同义词和近义词在检索中占有重要地位。同一事物有不同的名称,在汉语中有,在英语中也有。有的是习惯语,有的是科学用语,还有的是别名等。同义词、近义词等同时并存,影响了检索的效果,如"制备""制造""合成""生产"等,每一个关键词下均能找到文献,但若采用其中一个关键词去检索,往往只能找到其中的一部分文献,导致漏检、误检,所以,我们必须尽一切可能把同义词和近义词找全。例如:有毒(toxic、poisonous);设备(apparatus、equipment、device);汽车(car、automobile、vehicle)等。总之,运用的同义词、近义词越全,文献的查全率越高。

3. 注意选用国外惯用的技术术语

查阅外文文献时,若一些技术概念的英文词在词表中查不到,最好先阅读国外的有关文献,弄清含义。例如查有关"麦饭石应用"的国外文献,将麦饭石直译为"wheat rice stone"显然不妥,因为这不是国外的专有名词,分析实质,考虑"麦饭石"是一种石头或矿物,其功能主要是吸收水中有害物质并释放出一定量的人体必需的微量元素,从而改善了水质,所以,应选用"改善""水质""石头或矿石"这几个概念进行检索,结果从德温特世界专利创新索引数据库中检出相关的专利。德温特公司把麦饭石译为"BAKUNASEKI",这样就查出了麦饭石的英文检索词。又例如查找"人造金刚石"的文献,很可能用"manmade(人造)＊diamonds(金刚石)"作为检索词,但"人造"的实质是"人工合成",检索词的范围可放宽为"synthetic""artificial"等词。

4. 上位词或下位词的选取

上位词、下位词的检索方法有两种,一种是直接采用"扩展检索",这种方法是考虑主题概念的上位词。例如课题"加氢裂化防污垢的开发与应用研究",将"加氢裂化"与"防污垢"组配,检索结果等于零。概念向上位"石油加工与石油炼制"的概念扩大,再与"防垢剂"组配,满足课题的要求。另一种是将主题的上位词、下位词并用。例如检索"血细胞"的有关文献。"血细胞"是"红细胞"、"白细胞"及"血小板"的上位词,反过来"红细胞"、"白细胞"及"血小板"是"血细胞"的下位词。而"白细胞"的下位词有"粒细胞"、"单核细胞"和"淋巴细胞"。将"血细胞"的上、下位词并用,扩展检索得到的篇数明显大于用"血细胞"检索得到的篇数。

5. 异称词的选取

异称即不同地区、不同时代、不同场合下对同一事物的不同的称呼,如电磁活门(electromagnetic valve)也称为螺线管活门(solenoid)或线圈(coil)。异称的常见类型有如下几种。

(1)学名与俗名:如大豆与黄豆,马铃薯与土豆,乙酰水杨酸与阿司匹林、氢氧化铵与氨水。有商品名或俗名时,最好将化学物质名称与它们联合起来使用。例如检索二溴羟基苯基荧光酮的文献,该物质商品名为新洁尔灭,所以在检索时也要将这个名称考虑进去,将物质名称与商品名组配进行检索。

(2)意译与音译:如电动机与马达,逻辑代数与布尔代数,形势几何学与拓扑学,激光器与莱塞、镭射。

(3)新称与旧称:如狗与犬,杜鹃与子规、杜宇,索引与通检,气功与导引、按跷、吐纳,记者与访员。

(4)异地称:如撰稿与文案、助产妇与稳婆、官员与官位、小偷与三只手。

(5)不同领域或行业的异称:如智囊在政界多称幕僚,而在军界称参谋。

(6)小时称与大时称:如小马称驹、小牛称犊、少儿称孩。

6. 简称及全称的选取

当检索的全称里含有简称时,只用简称;当简称里不含全称时,检索时必须两者均用,两者之间用逻辑运算符"或"("OR")连接。例如:"肾综合征性出血热"和"出血热",只查"出血热"即可;而"艾滋病"和"获得性免疫缺陷综合征",采用"艾滋病 OR 获得性免疫缺陷综合征"进行检索。

7. 从信息反馈中获得

有的课题因检索效果不理想,需要进行第二次、第三次检索,将第一次检索结果得到的信息反馈到第二次检索中去,可获得良好的检索效果。例如检索"液压油污染测量模板",用液压油(hydraulic oil)检索,没有查到对口文献,但是发现了隐性主题——液压液体(hydraulic liquid),用液压液体检索,查得英国专利"液压液体污染等级测量仪",该专利技术内容与检索课题很相似,满足了用户申报专利时对对比文献的需要。检索者应尽可能仔细阅读检索获取的相关文献,从中得到重要线索,再进行第二次、第三次检索,这样往往会得到意想不到的效果。

8. 变体分析

变体分析即找出词或词组的各种变化形式。常见的变体有以下几种。

(1)拼写变体,如 center→centre,meter→metre。

(2)单数变复数,如 silicon carbide→silicon carbides。

(3)分离形式变连体形式,book case→bookcase,data base→database。

9. 少用或不用对课题检索意义不大的词

检索时避免使用无关紧要、参考价值不大、频率较低或专指性太高的词;一般不选用动词和形容词;不使用禁用词;尽量少用或不用不能表达课题实质的高频词,如"分析""研究""应用""利用""方法""发展""展望""趋势""现状""动态""影响"等词,必须用时,应与能表达主要检索特征的词组配,或增加一些限制条件。

10. 相关词的选取

相关词是指与检索主题相关的词。要根据检索的需要,利用与检索主题在概念上相互关联、交错、矛盾、对立,以及作为主题的工具、材料、原因、结果及用途等来选择检索主题的相关词。例如"热效率"主题概念与"热损失"概念相矛盾,如果检索主题需要,应选择"热效率"作为"热损失"的相关词。如果某一物质确实非常复杂,还可以考虑根据用途进行补充检索。例如 N-月桂酰-9-丙氨酸,它的唯一用途是作生物表面活性剂,因此可以用"生物表面活性剂"作为关键词进行检索。

11.4 检索效果的提高

11.4.1 中文期刊数据库

在中文期刊数据库教学实习中,笔者用一个具体的检索课题"超声波技术在污水处理中的应用",对学生遇到的常见问题进行分析,以提高检索效果。

1. 不分析课题,直接将课题全部输入检索框中进行检索

第一次到机房进行实习的学生,常将检索课题名称全部输入检索框中进行检索,结果是漏检率很高,有时甚至查不到相关文献,如表 11-1 中的检索策略①所示。这是学生第一次实习时最容易犯的错误,也是文献检索中最大的忌讳。实际上,一个课题往往包含很多检索词,应先分析课题,将课题进行分词,找出检索词。本课题提供了两个检索词,即"超声波"和"污水",要对这两个检索词使用布尔逻辑运算符进行检索才行,如表 11-1 中检索策略⑤所示。

表 11-1 不同检索字段和不同检索策略查出的文献数

序号	检索策略	检索字段				
		题名	关键词	题名或关键词	文摘	任意字段
①	超声波技术在污水处理中的应用	1	0	1	0	1
②	超声波技术在废水处理中的应用	1	0	1	2	3
③	超声波*污水*应用	9	1	15	27	51
④	超声波*(污水+废水)*应用	17	3	31	62	101
⑤	超声波*污水	28	50	59	76	112
⑥	超声波*废水	49	106	130	146	217
⑦	超声波*(污水+废水)	77	152	182	211	312
⑧	超声波*污水*应用*技术*处理	1	0	2	14	26

2. 只从课题的字面上抽取检索词进行检索

学生刚刚接触检索课题,在对课题所知甚少的情况下,用"望文生义"的方法是对的,但一定要知道,仅仅用课题的表述作为检索词来查找的检索策略是不完美的。有些课题的实质性内容往往很难从课题的名称上反映出来,课题所隐含的概念和相关的内容需要从课题所属的专业角度做深入分析,才能提炼出能够确切反映课题内容的检索概念。例如该课题中"污水"包含"废水"等隐含概念。如果不加分析地进行检索,便会造成漏检。比较表 11-1 中的检索策略⑤和⑦就会发现,检索策略⑤比⑦检索到的文献量少一些,明显漏掉了一部分文献。所以应该分析隐含的概念,这样才能保证文献的查全率。

3. 把课题字面上的词全部用逻辑"与"组配进行检索

若课题有 A、B、C、D、E 等主题概念,进行逻辑"与"组配时,如果建库人员未从原始文献中把 C 主题词挑选出来作为标引词,则该 C 主题词表现为零,整个检索式等于零。本课题中若把"超声波""污水""应用""技术""处理"五个概念全部组配起来,则会漏掉一部分文献。对比表 11-1 中的检索策略⑤和⑧,检索策略⑧增加了"应用""技术""处理"三个词后,文献量大减,有的检索结果为零("关键词"检索字段,这是因为标引人员一般把"技术""处理"等词不作为"关键词"标引词)。在做主题分析时,应注意排除课题中那些检索意义不大而且比较空泛的概念词,如"分析""研究""利用""方法""发展""展望""动态""影响"等词。

4. 很少调整检索字段(检索项)

检索字段(检索项)指检索途径。检索字段的选择合适与否,直接影响检索的结果。很多学生在检索时,直接在数据库的默认字段下,输入检索词进行检索。针对上述课题,笔者分别用了 5 个检索字段和 8 种检索策略,从"题名"、"题名或关键词"、"关键词"、"文摘"到"任意字段",查出的文献量呈增加趋势,如表 11-1 所示。在数据库检索中,一般遵循"宽进严出"的原则,并根据检索结果的多少来调整检索字段。"题名"和"关键词"是使用最多的检索字段,这两个字段既能保证查出文献的查全率,又能保证查出文献的查准率;如果用"题名"和"关键词"查出的文献量很少,可以放宽到用"文摘"字段进行检索;一般不用"任意字段"进行检索,因为查出的文献相关度太低,很多文献与检索课题无关。

5. 很少考虑检索词的同义词或近义词

目前,计算机信息检索系统还不具备智能思考的能力,还不会对所输入的检索词以及涉及的所有词进行自动、全面的检索,因此,必须在概念分析的基础上列出与概念有关的词,从中做出选择。同义词和近义词在检索中占有重要地位,如"计算机""微机""电脑"等,每一个关键词下均能找到文献,但若只采用其中一个关键词去检索,往往只能找到其中的一部分文献,导致漏检、误检。所以,我们必须尽一切可能把同义词和近义词找全。另外,一些词的简称也应该考虑。例如检索"聚氯乙烯"的文献时,要考虑其简称"PVC",把"聚氯乙烯"和"PVC"两个词进行逻辑

"或"的运算,这样就提高了查全率。

11.4.2 中文专利数据库

在中文专利数据库检索实习中,我们利用国家知识产权局的网站进行专利检索。到目前为止,该网站免费提供了 1985 年以来的发明专利和实用新型专利说明书全文,以及 1988 年以来的外观设计专利说明书全文。在针对专利数据库实习时,学生主要存在以下一些常见问题。

1. 分不清中国专利文献的各种编号

中国专利文献编号有申请号、公开号、公告号和专利号等,但学生在实习中分不清教师给出的专利文献编号,如让学生查专利文献编号为"CN1974621A"的有关专利时,学生不知道在哪个字段输入框中输入该号码。如果熟悉专利文献编号,一看该号码就知道这是发明专利的公开号,直接在"公开(公告)号"对应的输入框中输入该号码就查到了。在输入时也要注意格式的要求,如公开号中的最后字母 A 不要求输入。

2. 对输入状态的要求不清楚

例如查找专利文献编号为"200610125315.4"的有关专利信息时,学生知道该号码为"申请号",也在对应的"申请(专利)号"输入框中输入了该号码,结果还是找不到有关文献。这是因为该数据库要求在半角状态下输入有关号码,改为半角状态输入后就可检索到对应的专利文献。

3. 对申请(专利权)人的概念不理解

有一实习题是查找"2009 年武汉工程大学申请的专利有多少篇",很多学生在字段"地址"后面的输入框中输入"武汉工程大学",结果漏检了很多。分析原因,此处"武汉工程大学"为"申请(专利权)人",应在"申请(专利权)人"后面的输入框中输入"武汉工程大学",这样就可以查全了。此例中学生没有理解职务发明的概念,职务发明就是执行本单位的任务或主要是利用本单位的物质技术条件所完成的发明创造,职务发明的申请(专利权)人为单位。

11.4.3 英文数据库

1. 检索词的翻译问题

学生在翻译检索词时,大部分借助翻译网站或快译通等工具,得到直译,与专业翻译不一致,用这样的词汇进行检索,查到的结果不尽如人意。例如"光催化剂"直译成"light catalyst",而专业翻译应为"photo catalyst"。另外,也应找全检索词的同义词和近义词,如制备(preparation、manufacture、synthesis)、识别(identify、distinguish)等。还应找全检索词的各种形态词,如污染(pollute、polluted、 polluting、pollution)、测定(determine,determination)等。

对于检索词的翻译,我们可以借助 CNKI 数据库的"英文篇名"。如果想找"管壳式换热器"方面的英文文献,又不知道翻译是否准确,可以通过 CNKI 数据库检索有关"管壳式换热器"的中文文献,查看其"英文篇名",这样就可把"shell-and-tube heat exchanger"作为"管壳式换热器"的参考翻译了。如果用雅虎翻译网站,则"管壳式换热器"被翻译为"shell type heat interchanger",显然很不专业。

2. 某些检索字段的变化问题

英文数据库检索字段很多是一样的,如"title"(篇名)、"author"(作者)、"keyword"(关键词)、"abstracts"(摘要)等,但也有一些字段在不同数据库中不相同,如表 11-2 所示。有些学生只熟悉某个数据库,一旦换了数据库就犯糊涂。

表 11-2 不同数据库中检索字段不相同

数据库	刊名	作者单位
EI	Source Title	Author Affiliation
EBSCO	Journal Name	Geographic Terms
SCI Expanded	Publication Name	Address

3. 不会熟练运用截词检索技术

截词检索是指在检索式中用专门的截词符,如"?"或"*"等来表示检索词的某一部分允许有一定的词形变化。截词检索在英文数据库中大量运用,因为一个检索词有单复数、动名词等变化,若只用一个词进行检索,就会造成大量的漏检。例如检索有关"管理"方面的文献时,就有"manage""management""manager""managing""managed"等词可供选择,遇到这样的问题,可以运用数据库提供的截词检索,即用"manag*"来代替上述所有词进行检索。截词检索是一种扩检措施,可以防止漏检,提高检索效率。

【视野扩展】

智能化的语义搜索引擎

2008 年 7 月,微软证实已收购新兴互联网搜索引擎企业 Powerset,随后有消息称收购价格超过 1 亿美元。此项收购的要素——Powerset 以及其采用的语义搜索——引起了业界很大的关注。Powerset 当时是纷纷崛起的后 Google 搜索引擎中最受关注的一家,被誉为"最具可能的 Google 杀手"。Powerset 于 2008 年 5 月份正式向公众开放,提供语义搜索服务。

语义搜索的实质是采用自然语言技术，根据用户所表达语句的真正意图来进行搜索，以更准确、更好地返回符合用户需求的搜索结果。

"语义搜索是未来互联网搜索最有前景的一个发展方向。"国内互联网搜索的领军者、爱帮网 CEO 刘建国表示，语义搜索实际上是针对传统搜索的弊端而提出的新路向。

语义搜索试图以更贴近人们语言习惯的方式来应答搜索，将网页细分为更微小的信息单元，同时更深入地理解用户输入的自然语言，将二者自然地联系、匹配在一起——这是一种激动人心的尝试，业界对此颇为看好。万维网创始者蒂姆·贝纳斯·李此前曾表示，谷歌在互联网搜索的领先地位最终有可能被利用语义网络技术的公司取代。Powerset 被微软收购，也正说明了市场对于语义搜索的前景的信心。

例如，如果用户在语义搜索引擎中键入"which tennis players beat Andre Agassi?"（哪些网球选手曾战胜过安德烈·阿加西?），系统会返回曾经战胜过阿加西的网球选手的名字。Powerset 针对这一搜索关键字返回的第一个链接指向与皮特·桑普拉斯相关的网页。但谷歌无法返回答案，它返回的是 tennis-heroes.net 上一个列出了曾败在阿加西手下的网球选手的网页。

"语义搜索将是充满机遇和挑战的新兴互联网搜索领域。"刘建国表示，这一领域将为众多国内搜索网站提供抢占市场主动、领军国际互联网搜索的机会。

思考题

1. 判定检索效果的主要标准有哪两项？说明这两项之间的关系。
2. 扩大检索与缩小检索分别有哪些措施？
3. 中文期刊数据库检索中有哪些常见问题？
4. 检索词的选取有哪些规律？
5. 如何有效进行检索词的英文翻译？

第 12 章　学术论文写作与投稿

学术论文记载着广大科研工作者对人类的贡献,展现出科学研究的丰硕成果和已达到的学识水平,并进一步补充、丰富、扩展,增加了人类对自然现象认识深化的成果。将这种成果永久性地保存于人类的科学宝库中,可成为人类共同的精神财富。因此对大学生特别是研究生进行学术论文撰写训练是科研素养训练重要且必需的环节。本章重点介绍学术论文写作格式和学术规范要求,并介绍论文投稿相关事宜。

12.1　学术论文概述

12.1.1　学术论文定义

学术论文是某一学术课题在实验性、理论性或观测性上具有新的科学研究成果或创新见解和知识的科学记录,或是某种已知原理应用于实际中取得新进展的科学总结,用以提供学术会议上宣读、交流或讨论,或在学术刊物上发表,或作其他用途的书面文件。学术论文应提供新的科技信息,其内容应有所发现、有所发明、有所创造、有所前进,而不是重复、模仿、抄袭前人的工作。

一篇学术论文的结构形式应在层次、段落、开头、结尾、过渡和前后照应诸方面体现出结构的严密、思路的清晰、体系的完整。一般而言,一篇完整的学术论文包括题名、作者、作者单位、摘要、关键词、引言、正文、结论、致谢、附录及参考文献等。

12.1.2　学术论文类型

1. 按研究内容划分

(1)理论性论文:基础理论性研究成果的表达形式,即从学术性角度对基础理论研究信息进行收集、筛选、评价、分析、研究而形成的论文。其表现特征是具有抽象性,即以概念、判断、推理等逻辑思维方式达到高度抽象的理论认识;其基本研究方法主要是理论证明、数学推导和综合考察,有的也涉及实验和观察。

(2)应用性论文:应用性研究成果的表达形式,即运用基础理论知识,研究社会实践中的具体问题而形成的研究成果。其特点是具有明确的目的性和针对性,提出能够指导实践的具有可操作性的方案和措施;其成果能够直接应用于社会生活和生活实践中,具有社会和经济效益。

(3)调查性论文:对通过社会现象、客观事物以及文献资料的调查所获得的资料进行整理研究而形成的成果。其研究方法是对有关资料进行分析、综合、概括、抽象,通过归纳、演绎、类比,得出某种新的理论和新的见解;其主要特征是所记载的材料数据具有真实性、全面性,对事实材料所做的理论概括有相当的深度。

(4)综述性论文:对分散的、不易集中的某学科领域的发展状况、研究现状、发展趋势等资料进行收集、整理、浓缩、介绍,并记录成文的成果形式。

2. 按写作目的划分

(1)期刊论文:作者根据某期刊载文的特点和取向(表现为学科特征及专业特色),将自己撰写的学术论文有针对性地进行投稿,并被所投刊物采用、发表的论文。

(2)会议论文:作者根据即将召开的各种学术会议(国际、国家、省、市、行业学术团体等)的研讨主题及相关规定,撰写专题论文并投寄给会议主办单位,经有关专家审查通过后被录用的学术论文。这些论文将在会议期间进行大会交流,并由主办单位汇集出版,成为一种重要的文献资源。

(3)学位论文:作者为了取得高等学校或科研院所的相应学位,通过专门的学习、从事科学研究获得创造性或创建性的认识、观点,并以此为内容撰写而成的、作为提出申请授予相应学位时评审用的论文。学位论文分学士学位论文、硕士学位论文及博士学位论文。

12.1.3 学术论文写作的意义

1. 展现和保存科研成果

学术论文记载着广大科研工作者对人类的贡献,展现着科学研究的丰硕成果和已达到的学识水平,并进一步补充、丰富、扩展,增加了人类对自然现象认识深化的成果。将这种成果永久性地保存于人类的科学宝库中,可成为人类共同的精神财富。

2. 促进学术交流

科研的继承性和开放性是紧密相关的,没有前人公示的科研成果,就没有现在人的研究基础,因此每个人的科研成果都要拿来与大家交流。科研成果只有形成学术论文,才能进行学术交流,并通过交流和传播,活跃学术思想,促进学术交流和科技发展。

3. 考核业务水平

发表学术论文的数量与学术论文对社会效益、经济效益的贡献大小,是评价科研工作者业务、科技成果的重要标准,也是进行业务考核与职称评定的重要依据之一。

12.2 学术论文写作格式

学术论文(包括科学技术报告、学位论文、职称论文)的基本格式包括前置部分、主体部分和后置部分。

12.2.1 前置部分

前置部分包括题名、作者、作者单位、摘要、关键词及分类号。

1. 标题

标题又称题目或题名。标题是以最恰当、最简明的词语反映论文中最重要的特定内容的逻辑组合。标题的主要目的有两个,一是吸引可能的读者,二是协助检索,因此标题中一定要包含一些关键词。决定标题的最佳时刻是在论文正文已经完成之后,这时标题最能准确清晰地反映文章的内容和重点。

最佳论文标题是用最少的必要术语准确描述论文的内容,撰写标题的总体原则为 ABC 原则:accuracy(准确)、brevity(简洁)和 clarity(清楚)。

(1)准确。论文标题能准确表达论文主要内容,恰当反映所研究的范围和深度,读者一看标题就应该知道你的论文是研究什么的、有什么发现。

例如标题"抗菌素对细菌的作用",用词就不准确,抗菌素是多种多样的,如青霉素、红霉素、庆大霉素等,而细菌的种类也繁多,标题中"作用"一词也不恰当,因为作用的结果有增强、减弱、促进、抑制等,如果根据论文的主题内容将标题改为"链霉素对结核分枝杆菌生长的抑制作用",就表述得比较准确。

(2)简洁。标题应言简意赅,以最少的文字概括尽可能多的内容,一般不超过 20 个字。标题过于烦琐难以给人留下鲜明的印象,难于记忆和引证。若简短标题不足以显示论文内容或反映出属于系列研究的性质,则可利用正、副标题的方法解决。

例如标题"关于钢水中所含化学成分的快速分析方法的研究"。在这类标题中,像"关于""研究"等词汇如若舍之,并不影响表达。上述标题便可精炼为:"钢水化学成分的快速分析法"。这样一改,读起来觉得干净利落、简短明了。

(3)清楚。标题要清晰地反映论文的具体内容和特色,明确研究工作的独到之处,力求简洁有效,重点突出。标题中应慎重使用缩略语,避免使用化学式、上下角标、特殊符号。

例如标题"超临界流体的应用",语意含糊不清,若改为"超临界流体在废水处理中的应用",则信息清楚、具体,读者对文章的内容一目了然。

标题是论文的脸面,能够激发读者的阅读意愿。读者通过对一个大型数据库进行搜索,会浏览大量标题,然后选择很小的一部分。假设读者发现你的论文标题非常有趣,那么,你就实现了几乎所有作者的梦想——得到读者的关注。

2. 作者

论文作者是指对该研究做出重要贡献的人。论文署名包括论文内容的构思者(在选定课题和制订研究方案中做出主要贡献并对论文内容负责的人)、研究工作的参与者(参加论文的全部工作或主要研究者)和撰稿执笔人员(直接进行创作的人)。作者署名一是对著作权拥有的声明,二是表示文责自负的承诺,三是便于读者同作者联系。

中国作者姓名的汉语拼音采用以下写法:姓前名后,中间为空格;姓氏的字母均为大写,复姓应连写;名字的首字母大写,双名中间加连字符;名字不缩写。

多作者论文按署名顺序列为第一作者、第二作者……。作者排序应以每个作者实际参与工作的重要性为基础。第一作者对论文的贡献最大,主要负责收集和分析数据、论文稿的起草和写作,同时他对论文所负的责任也最大。

论文署名应注意:未征得本人同意,不要将其列入作者名单;避免挂名作者(对论文创作几乎没有或根本没做任何事情而成为论文作者的人)。目前也有这种倾向:课题组的负责人,往往也是学术带头人或研究生导师,他们对论文的贡献是最大的,对论文所负的责任也是最大的,但他们为了鼓励其学生或年轻人致力于科研,而将学生或年轻人排在前面,自己排在后面,但为了突出所做的贡献和所承担的责任,常常把自己作为论文的通信作者(the corresponding author),在其姓名后右上角打一星号(*),或在论文首页的地脚处注明,以示与其他作者贡献与责任大小的区别。

第一作者和通信作者的区别如下。第一作者一般是本论文工作中贡献最大的研究人员。此作者不仅有最多和最重要的图表,也是文章初稿的撰写人。通信作者是课题负责人,承担课题的经费、设计、文章的书写和把关。他也是文章和研究材料的联系人。最重要的是,他担负着文章可靠性的责任。文章中的成果属于通信作者,思想及研究思路是通信作者的,而不是第一作者的。第一作者仅代表做具体工作的人,且是最主要的参与者。

3. 作者单位

作者单位包括单位全称、所在省市名及邮政编码。单位名称(不得采用缩写)与省市名之间以逗号分隔。整个数据项用圆括号括起。英文作者工作单位应在省市名及邮编之后加列国名,并以逗号分隔。

不同工作单位的作者,应在姓名右上角加注不同的阿拉伯数字序号,并在其工作单位名称之前加与作者姓名序号相同的数字,各工作单位之间并列排列。

4. 摘要

摘要也称内容提要,就是用简明的语言,摘录出与论文等价的主要信息,并具有独立性和自明性的短文。摘要通常分为报道性摘要和指示性摘要。

报道性摘要一般适用于研究性论文。这类摘要主要包括研究的主要目的、实验设计与方法、最重要的结果和主要结论四种要素,并以一定的逻辑关系连续写出,部分段落或以明显的标识加以区分,篇幅在 250 字左右。报道性摘要示例如下。

目的 研究瞬变电磁法应用于油气生产井测井领域时,接收线圈的瞬变电磁响应特征,为生产井瞬变电磁法接收线圈的参数设计提供理论依据。**方法** 通过对井中接收线圈等效电路的理论分析,详细讨论了斜阶跃波激励下,接收线圈上一次场与二次场的变化规律,深入研究了井中全程瞬变电磁响应的过渡过程及其影响因素。**结果** 接收线圈过渡过程的存在,使一次场响应在感应段和衰减段均发生了畸变,而二次响应则在发射电流关断后出现幅值变小、达到极大值的时间延迟等现象。为缩短线圈的固有过渡过程,应采用接入匹配电阻的方法使接收线圈工作于临界阻尼状态,同时尽量增大线圈的阻尼系数。**结论** 该方法为井中瞬变电磁响应信号的正确判断与识别奠定了良好基础。

指示性摘要一般适用于综述性论文,以介绍近期某学科发展居多,只对论文内容进行某种提示或描述,简单介绍论文研究的问题,概括性地表述研究目的,旨在点题,而方法和结果内容很少涉及。这类摘要很短,篇幅为 50~100 字。论文《国内光催化研究进展简述》的指示性摘要示例如下。

分 1975—1985 年、1985—1995 年和 1995—2012 年三个时期简要介绍了国内光催化研究进展,主要侧重于光催化材料及其改性、应用和反应机理方面的研究进展,并指出了当前光催化领域存在的一些重要问题和未来的发展趋势,涉及光解水、CO_2 还原、环境净化和选择性有机合成等方面。

摘要是全文的高度浓缩,应具有独立性、全息性、简明性和客观性,确保准确、简洁而充分地表述论文的主要目的、方法及取得的主要结果和意义。摘要只是文字描述,不加评论和注释,不引用文献,不要过分抽象或空洞无物,不用图表以及尽可能不用数学公式和化学结构式。

慎在"摘要",重在"结论"。摘要是论文中最重要的一个部分,是论文的心脏。一篇论文最常被读者快速浏览以取得第一印象的,往往是一"头"一"尾",即"摘要"和"结论"两个部分。一篇论文如果摘要写得好,不仅便于被国内外重点检索期刊录用,扩大交流,而且还可以激发读者的阅读兴趣。因此,对于摘要的撰写,一般在正文完成后进行,并认真下功夫。

一篇论文投稿后,编辑人员和同行专家首先阅读摘要,看其是否有价值,然后决定是否审阅全文;科研人员在查阅文献时,首先通过阅读摘要,看其中是否有感兴趣的信息,然后决定是否阅读全文。一般期刊投稿时都要求有中英文摘要,那么,怎样才能写出具有"欧化"风格的英文摘要呢?

从 SCI 数据库中筛选 2~3 篇由母语为英语的学者撰写的与自己研究领域相关的有代表性的论文,认真阅读并理解透彻。动笔将这些论文摘要直译成汉语。根据所译中文将摘要再译回英文。将首译的英文与原稿进行比较和修改。将自己的论文摘要尽量调整到位,使之尽可能接近英语的语篇和句法形式。做上述练习颇费功夫,但是效果很好。

5. 关键词

关键词是摘要内容的浓缩,是反映文章最重要的词、词组和短语,一般选用 3~6 个。关键词的选用要反映论文的主要内容,关键词表达的内容要比标题更具体详细一些。关键词十分重要,读者可以通过对关键词的检索与解读,初步判断论文的技术范围。

关键词可从研究的对象、性质和采取的方法(手段)中选取,一般可从论文的题目、摘要、小标题和结论中选择,注意不要全部来自论文的标题。选取的关键词应具有代表性、通用性和序贯性。

(1)代表性。抽取的关键词中应具有表征论文特征内容的技术代表性词汇,不要使用过于宽泛的词作关键词(如有机化合物、地球化学等),以免失去检索的作用。

(2)通用性。关键词必须选用具有通用性的、被同行熟知的专业用词,避免使用自定的缩略语、缩写字作为关键词,除非是科学界公认的专有缩写(如 DNA)。

(3)序贯性。如何把关键词有序排列,目前尚无明确的规范,建议将关键词按技术配套关系,自前至后、由大及小或由小及大有序递归排列,使其具有序贯性。

下面是一篇发表在《中国机械工程》(2008 年 12 期)上的论文,其关键词就是从标题和摘要中抽取的。

【标题】 汽车车架结构多目标拓扑优化方法研究

【摘要】 为了研究以静态多工况下刚度和动态振动频率为目标函数的车架拓扑结构,提出了一种结构的多目标拓扑优化研究方法。基于实体各向同性材料惩罚函数的拓扑优化方法,采用折衷规划法定义多目标拓扑优化和多刚度拓扑优化的目标函数……

【关键词】 车架;多目标;拓扑优化;折衷规划

选取关键词时应注意删去无实际检索意义的词。同义词、近义词不应并列为关键词;化学结构式、反应式和数学式原则上不用;冠词、介词、连词、感叹词、代词、某些动词(连系动词、情感动词、助动词)不宜使用;过于空泛的词(如合成、制备、测定、方法、研究、探讨、对策、途径、表征、分析等)不应作为关键词;慎用副词和形容词修辞及评价;不得用非公知公用的专业术语及其缩写。

另外,有一些期刊明确要求,不能使用已经出现在标题中的词作为关键词。

6. 分类号

为了便于文献的检索、存储和编制索引,许多科技期刊及博硕士学位论文要求作者对其文章提供中图法分类号。中图法分类号通常是指《中国图书馆分类法》(简称《中图法》)分类表中的分类号。分类号是用来表达文献主题概念的,它与主题词同属于信息检索语言,并与主题词的作用及功能互补,通常由英文字母和阿拉伯数字组成。一篇涉及多学科的论文,可以给出几个分类号,其中主分类号排在首位。

学术论文作者对论文进行分类时,可以利用《中图法》逐步细分,如论文涉及"森林火警监测与警报"内容,可依次按"S 农业科学""S7 林业""S76 森林保护学""S762 林火""S762.3 森林防火与灭火",最终确定其分类号为"S762.3"。如果手头没有《中图法》,可利用 CNKI 数据库或维普数据库,用论文的核心关键词进行检索,查看他人论文的分类号,作为参考。

12.2.2 主体部分

学术论文有自然科学论文和社会科学论文之分,因它们研究的对象和任务不同,故论文的主体部分不尽相同。自然科学论文构架一般有引言、材料与方法、结果和讨论四个部分;社会科学论文构架一般有序论、本论和结论三个部分,往往被称为"三段论式",也是论文常用的"基本型"。

1. 自然科学论文的基本构架

目前在国际科技交流中使用最广泛的科技论文构架就是 IMRaD(introduction, materials and methods, results and discussion)四段式结构,即引言、材料与方法、结果和讨论。科技论文的 IMRaD 结构已被国际学术界普遍接受和欢迎。

(1)引言。引言又称前言、绪论、序言、引论等,是论文的开场白,其作用是向读者揭示论文的主题、目的和总纲。作为论文的开篇,引言应包括研究的背景、目的、方法和结果,要向读者交代本研究的来龙去脉,真正体现这个领域发展的历史及本研究的创新之处。引言看似简单,但并不容易写好。引言一定要有逻辑性,一般包含下面三个方面的内容。

① 研究领域的背景：先从较为宽泛的相关话题入手，对所研究的大领域进行陈述，这样的陈述提供了一个背景，使读者对研究的问题及其重要性有一个大致的了解。介绍研究领域背景并非写长篇大论，而要有概括。

② 前人的研究工作：要对前人对相同问题在不同方面做过的研究做更加具体的陈述，从而建立一个包含已有知识和信息的基础。陈述时使用自己的语言回顾文献，实事求是地总结前人已达到的水平、遇到的困难、存在的局限性及尚未解决的问题，以便引出自己研究的内容。介绍前人的研究工作时要注意点面结合，也就是说概述以往研究工作脉络后，还要简短地举出两三个典型的、相关的文献报道。

③ 本研究的学术价值：非常具体并简要地说明研究中要解决的问题、所采取的方法、主要的研究工作或结果，特别要强调本研究的创新点，提出自己的观点，激发读者阅读正文的意愿。

写好引言，要呈现直接相关的背景信息，把握好引用文献（即引用与本研究直接相关、权威人士的文献）。引言写作注意两个极端：铺垫不足和篇幅过长。过长：喧宾夺主，抢了文章中重头戏（结果与讨论）的风头。过短：读者不能了解这方面的研究进展。

下面是发表在期刊《应用基础与工程科学学报》上的一篇论文《预处理方法对城市落叶生物降解影响的研究》的引言部分，第一段交代了课题的研究现状、最近研究动向，第二段简明扼要地说明了本研究的方法和目的。

落叶是目前人类尚没有有效合理利用的巨大自然资源。每年需要消耗国家生活资源来处理的城市落叶就有几十亿吨，已成为制约城市发展的重要问题[1]。目前城市落叶主要有3大处理方法：焚烧、填埋、堆肥。落叶堆肥研究在国外较多[2-3]，鉴于填埋和堆肥占用场地大，发酵周期长，利用率差，而且会产生含高浓度污染物的垃圾渗滤液[4]，目前在国内难以推广实施；落叶作为一种城市垃圾，在焚烧过程中会产生大量的气态污染和数量可观的固体残渣[5]。近年来，利用高产纤维素酶菌株对纤维素类物质进行降解已成为研究热点[6-8]，多用于降解作物秸秆产还原糖，但关于纤维素酶作用于落叶国内外相关报道极少。

本研究在采用纤维素降解菌对落叶生物降解的基础上，在发酵前对落叶进行预处理，考察了不同预处理方法对发酵酶活以及落叶降解率的影响。相关研究中，秸秆的预处理方法主要有蒸汽爆破处理、酸碱处理、辐射处理及氨处理等[9-12]。本研究采用不同酸碱试剂及蒸汽爆破等方法对落叶进行预处理，以破坏落叶中纤维素的结晶结构和木质素保护层，使纤维结构松散，以利于后面发酵中酶对其水解。这种对落叶进行预处理的方法在文献中尚未见报道。本试验中主要研究了预处理试剂以及处理方法的选择，通过数据分析，优化了预处理工艺，提高了发酵酶活和落叶降解率，为促进可再生资源的开发和落叶的利用提供依据。

（2）材料与方法。材料与方法部分的重要性是保证他人可以重复你的结果，这部分的主要内容包括：你用了什么，包括实验对象、实验材料和实验设备；实验过程，给出足够的细节信息以便让同行能够重复实验；结果的统计处理。

写好这部分的关键在于把握好"度"，即提供恰到好处的细节。如果方法新颖且不曾发表过，应提供所必需的细节；如果所采用的方法已经公开报道过，引言相关的文献即可；如果有改进，可将改进部分另加说明。衡量标准是看你所提供的细节是否足以让感兴趣的专业读者重复你的实验或方法。

（3）结果。结果是一篇论文的核心，是表达作者思想观点最重要的部分，总的要求是必须实事求是、客观真实、准确地用说明性材料（图和表）描述主要成果或者发现。

这一部分要求言简意赅，对实验或观察结果的表达要高度概括和提炼，并要客观地评价，不能简单地将实验记录数据或观察事实堆砌到论文中。图和表通常会出现在结果部分，因为它们比文字更具有直观性，且简单明了，避免了冗长的文字叙述。读者在阅读一篇论文时，往往看完题目和摘要后就会浏览所有的图和表，有进一步兴趣才会再读文章的其他部分，所以图和表非常重要。

（4）讨论。讨论部分是论文的精髓所在，也是作者普遍感到最难写的部分，因为讨论部分反映作者对某个学术问题了解和理解的深度和广度。讨论部分的重点在于对研究结果的解释和推断，并说明作者的结果是否支持或反对某种观点、是否提出了新的问题或观点等。

写讨论部分遵循"金字塔"结构，即从对具体的研究结果的讨论，拓展到更加宽广的东西（即由小到大）。讨论的主要内容有如下。

①根据实验结果提炼要点，展开讨论。

从这篇论文能提炼出哪几个值得总结、分析的要点？为了回答这些问题，作者需要做大量实验，并按照一定的逻辑顺序，把整理好的数据放在实验结果部分，进行客观描述。而在论文的讨论部分，作者要根据实验结果，提炼、讨论相对"大"的东西——涉及机理的、提供基础科学认识的、对业内人士有启发的东西。

提炼出要点后，可以开展讨论。开展讨论时，要有逻辑、有证据，而不能先把实验结果摘抄一遍，再直接跳到结论。开展讨论时，作者应分清哪些证据是确凿的，而哪些东西是不确定的，不要过多地、过于自信地讲述通过猜测、想象得到的东西，以免出现漏洞。

②比较自己和别人研究结果的异同。

作者还要比较自己的实验结果和文献报道的结果，分析出现差异的原因，这能增加论文的学术性和"通透感"。如果你的实验结果和别人的实验结果不一致，那么也应如实陈述，并讨论为什么会这样。作者这样分析、讨论，论文就会更有深度。

③提及研究结果的"言外之意"和潜在应用。

所谓"言外之意",就是根据作者的论文结论得出的可能的推论,这个推论虽然没有确凿证据,但能引起读者的兴趣。所谓潜在应用,就是作者的研究结果对别人、对科研、对行业、对社会有什么用。作者可以简短、谨慎地点出"言外之意"并简短提及潜在应用,这将激发读者的兴趣,并使审稿人能更好地判断这篇论文的重要性。

④指出研究的局限性,展望后续研究。

很少有论文是无懈可击的。作者往往会出于种种原因而没能把研究工作做深、做透。还有的时候,实验结果和自己原本的预期有差距。因此,作者需要简短地指出自己研究工作的局限性。这能够提醒读者谨慎地看待本论文的结论。指出论文的局限性,并非把自己的论文贬得一钱不值。作者需要学会化消极为积极,将论文的局限性视为将来改进的契机。科学是不断发展的,编辑希望你的论文发表后,别人能在你的论文的基础上开展后续研究。这样,你的论文就会被引用,这有助于提高期刊的影响因子。

2. 社会科学论文的基本构架

一般来讲,社会科学论文的基本构架包括序论、本论和结论三大部分,往往被称为"三段论式",也是论文常用的"基本型"。

(1)序论。序论也叫前言、引言或绪论,是论文的开头部分,一般包括选题的背景、历史研究回顾、意义和目的,或研究的目的、范围、方法及所取得的成果。

序论只能简要地交代上述各项内容,尽管序论可长可短,但其篇幅的分量在整篇论文中所占的比例要小,用几百字即可。序论部分应开门见山、引人入胜和简洁有力,同时也可以说明在课题研究中使用的研究方法。序论通常包括以下几个写法。

①交代式:开头交代论文写作背景、缘由、目的和意义。

②提问式:首先提出问题,或在简要交代写作背景之后随即提出本论文所要解决的问题。

③提示范围式:提示本论文的论述范围。作者只是在一个特定的范围内探讨某一问题。

④出示观点式:在序论中开宗明义,将本论文的基本观点或主要内容揭示出来。

⑤阐释概念式:在序论部分可对题目中和论文中出现的基本概念所特有的内涵加以阐释。

(2)本论。本论是论文的主体部分,是集中表述研究成果的部分。作者在该部分将对序论中提出的问题加以详细分析,展开有效论证,并提出解决问题可能的方案。本论集中反映了作者所要阐述的理论观点、所运用的论证方法和所达到的学术目标,是作者理论功底和创造性才能的综合体现。

本论的内容主要由作者的论点、论据和论证过程构成。论点和论据的联系,论述的先后顺序,文章的层次、推理,都要根据材料和要表达的观点合理组织、精心安排,要做到环环相扣、层层推进、纲举目张,使观点和材料有机地统一起来,以增强论证效果。

由于本论在文章中篇幅长、容量大、层次多、头绪杂,占全文的十之八九,因此在内容的安排和论证层次上尤其要注重严密的逻辑性。这就牵涉到本论的结构层次如何安排的问题。通常地讲,本论的结构层次有并列式、递进式和混合式三种类型。

①并列式:依据事物多角度、多侧面、多因素的特点,将本论中并列地描述总论点的各个层次、各个侧面或各个部分平行并列,分别展开论述,使论文的本论呈现出一种齐头并进的格局。

②递进式:本论的各个层次之间构成了一种逻辑递进的深度模式,观点在序论部分阐明,在本论的各个部分展开系统的论证;通常由第一段的内容和论证引入第二段,从第二段又推出第三段,各段之间层层推进,揭示事物的本质,归纳出作者的结论。

③混合式:在并列的过程中,在每一个并列的面上,又展开递进(并列中的递进);或者在递进的过程中,在每一个递进层次上,又展开并列(递进中的并列)。

小贴士

社会科学论文的写作方法有其自身的特点,主要体现在它的学术性和严谨性方面。其写作主要有以下几种方法。

第一,议论。议论就是讲道理、论是非。作者通过事实材料和逻辑推理来阐明自己的观点,表明赞成什么或者反对什么。一段完整的议论文总是由论点、论据和论证构成的。

第二,立论。立论也叫作证明,即正面阐述自己的观点,证明其正确性,从而确立论点的过程。常用的证明方法有例证法、引证法、分析法、推理论等。

第三,驳论。驳论是通过驳斥反面论点,证明它是错误的、荒谬的,从而证明自己的观点正确的一种论证方法。常用的驳论方法有直接反驳法、反证法、归谬法等。

(3)结论。

结论是一篇论文的结尾部分,在结构上是序论的照应,在内容和意义上是本论的归纳、延伸和升华。文章在序论部分提出了问题,在本论部分进行了充分论证,最后需要在结尾部分对全文做出结论,而且在结论中作者要明确表示对问题的看法或解决问题的思路。

写作结论时要注意与本论紧密衔接,与序论最好形成前后呼应,使全文思绪贯通、格调一致,形成完整和谐的统一体。结论的写作通常包括以下内容。

①提出论证结果。作者要对本论分析、论证的问题加以综合概括,引出基本论点,这是课题解决的答案。结论必须是在序论中提出的、在本论中论证的、自然得出的结果。这部分要写得简要具体,使读者能明确了解作者独到见解之所在。

②对课题研究的展望。作者不仅要概括自己的研究成果,而且还要指出课题研究中的不足,为他人继续研究指明方向、提供线索。

12.2.3　后置部分

后置部分包括致谢、参考文献和附录等。

1. 致谢

科研通常不是只靠一两个人的力量就能完成的,需要多方面力量的支持,因此必要时可在文末以简短的语言对研究工作或论文写作给予了资助、帮助等的组织或个人致以谢意。

2. 参考文献

引用前人(包括作者自己过去)已发表的文献中的观点、数据和材料等时,要在它们在文中出现的地方予以标明,并在文末列出参考文献表。原则上除了教科书上公认的方程和表达式外,都要列出处,并完整给出相应的文献。

3. 附录

对需要收录于学术论文中且又不适合书写于正文中的附加数据、资料、详细公式推导等有特色的内容,可作为附录排写,序号可采用"附录1""附录2"等。

12.2.4　参考文献著录格式

在撰写学术论文时,在文中都要提及他人的研究成果,这一过程叫作参考或引用。从科研的规律来看,任何研究都是在前人研究的基础上进行的,所以,学术论文引用、参考、借鉴他人的科研成果,都是很正常的,而且是必需的。它表明作者对与本课题有关的国内外研究现状的了解程度,从中能够发现该课题目前的研究解决了什么问题、没解决什么问题、哪些问题是急需要解决的、哪些问题虽然重要但目前仍解决不了的、可能的前景是什么等。它也能说明作者是站在一个什么样的高度,以什么为起点进行研究的。如果没有一定的阅读量,就不能反映作者对本领域的研究动态的把握。因而,如实地呈现参考文献不仅表明作者对他人劳动的尊重与承认、对他人研究成果的实事求是的科学态度,也展示出作者阅读量的大小。

如果论文中直接或间接地引用了他人的学术观点、数据、材料、结论等,而作者又没能如实地交代出处,则被认为是不道德的甚至会因此而被指控为"剽窃"。

参考文献要求正确、准确地使用,不能把别人的成果据为己有,更不能随意更改。对于引用的文章内容,要忠实原文,不可断章取义、为我所用;不能前后矛盾、牵强附会;无论引用的是原文还是只是阐述了别人的观点,也无论所引用的材料是否已经公开出版,都要明白无误地表明出处。另外,如实地、规范地呈现参考文献也可为同一研究方向的人提供文献信息,使读者能清楚地了解作者对该问题研究的深度和广度。我们在阅读他人的研究成果时一方面可以获取他们的研究结论,另一方面可以学习他们的研究方法,获得他们提供的研究信息。参考文献是信息的最大来源之一。

1. 参考文献著录的作用

(1)便于查阅原始文献。对于读者来说,参考文献就是认识问题的一扇窗户、一把钥匙,它便于读者检索和查阅原始文献,依此去获得更多的资源,进一步评价论文的学术水平及价值,启发读者的思维,促进学术争鸣。

(2)能方便地把论文作者的成果与前人的成果区别开来,不仅表明了论文作者对他人劳动的尊重,而且免除了抄袭、剽窃他人成果的嫌疑。

(3)反映作者严谨治学的科学态度和论文真实、广泛的科学依据,也反映论文的起点和深度。

(4)有助于科技情报人员进行情报研究和文摘计量学研究。

2. 收录参考文献应注意的事项

(1)必须亲自阅读过,最好引用原始文献,不要二次引用。

(2)不同期刊有不同的文献编排格式,投稿前要了解该期刊的投稿指南。

(3)所选用文献的主题必须与论文密切相关,尽量不要遗漏重要参考文献。

(4)优先引用最新发表的同等重要的论文。

(5)避免过多地,特别是非必要地引用作者自己的文献。

(6)确保文献各著录项(作者姓名、论文题目、期刊或专著名等)正确无误。

(7)不可随意"从略",不可马虎了事或错误百出。

3. 参考文献的著录格式

作者向刊物投稿时,所撰写论文的参考文献有各种类型。文献要按照规定的格式进行标注,具体见《信息与文献 参考文献著录规则》(GB/T 7714—2015)中的规定。下面介绍主要的几种文献著录格式。

(1)专著。

著者. 书名[M]. 版本项. 出版地:出版社,出版年份:起止页码.

示例:杨正洪. 人工智能技术入门[M]. 北京:清华大学出版社,2021:3-5.

(2)期刊。

作者.题名[J].刊名,年,卷(期):起止页码.

示例:朱礼涛,欧阳博,张希宝,等.机器学习在多相反应器中的应用进展[J].化工进展,2021,40(4):1699-1714.

(3)专利。

专利申请者或所有者.专利题名:专利号[P].公告日期或公开日期.

示例:武汉工程大学.四连杆式抽油机:200810197205.8[P].2009-02-18.

(4)标准。

主要责任者.标准名称:标准编号[S].出版地:出版社,出版年份.

示例:国家市场监督管理总局,国家标准化管理委员会.木器涂料中有害物质限量:GB 18581—2020[S].北京:中国标准出版社,2020.

(5)学位论文。

作者.篇名[D].保存地:保存单位,出版年份:起始页码.

示例:尹杰.基于双频的无线电能传输研究[D].武汉:武汉大学,2020:12-15.

(6)报纸。

作者.篇名[N].报纸名,出版日期(版次).

示例:3G标准,三分天下有中国[N].人民日报,2007-6-11(6).

(7)电子文献。

主要责任者.题名[电子文献/载体类型标识].(发表更新日期)[引用日期].获取和访问路径.

示例:21世纪商业评论.智能汽车的门派之战[EB/OL].(2013-09-02)[2014-03-25].http://money.163.com/13/0902/08/97OLVJ8300253G87.html.

文献类型、标志代码和英文名称如表12-1所示。

表12-1 文献类型、标志代码和英文名称

文献类型	标志代码	英文名称
普通图书	M	monograph
期刊	J	journal
专利	P	patent
标准	S	standard
学位论文	D	dissertation
会议文献	C	conference
科技报告	R	report
报纸	N	newspaper

续表

文献类型	标志代码	英文名称
数据库	DB	database
计算机程序	CP	computer program
电子公告	EB	electronic bulletin
联机网络	OL	online

文献标识码如下。

A:理论与应用研究学术论文(包括综合报告)。

B:理论学习与社会实践总结(社科),实用性技术成果报告(科技)。

C:业务指导与技术管理性文章(包括领导讲话、特约评论等)。

D:动态性信息(包括报道、会议活动、专访等)。

E:文件、资料(包括历史资料、统计资料、机构、人物、书刊、知识介绍等)。

12.3 学术规范

12.3.1 概述

学术规范是人们在长期的学术实践活动中所逐步形成的被学术界公认的一些行为规则。学术规范的内涵是指在学术活动过程中,尊重知识产权和学术伦理,严禁抄袭剽窃,充分理解、尊重前人及今人已有之相关学术成果,并通过引证、注释等形式加以明确说明,从而在有序的学术对话、学术积累中加以学术创新。学术规范主要由学术道德规范、学术法律规范及学术技术规范三个基本部分组成。

1. 学术道德规范

学术道德规范是学术规范的核心部分,具体包括以下内容。

(1)学术研究应坚持严肃认真、严谨细致、一丝不苟的科学态度,不得虚报教学和科研成果,反对投机取巧、粗制滥造、盲目追求数量不顾质量的浮躁作风和行为。

(2)学术评价应遵循客观、公正、准确的原则,如实反映成果水平,在充分掌握国内外材料、数据的基础上,做出全面分析、评价和论证,不可滥用"国际领先""国内首创""填补空白"等词语。

(3)学术论文的写作应坚持继承与创新的有机统一;树立法制观念,保护知识产权,要充分尊重前人劳动成果,在论文中应明确交代论文中哪些借鉴引用了前人的成果,哪些是自己的发明创见。

2. 学术法律规范

学术法律规范是学术活动中必须遵循的国家法律法规及相关要求,主要内容如下。

(1)必须遵守《中华人民共和国宪法》;应坚决贯彻执行党的路线、方针和政策,坚持以马列主义、毛泽东思想和邓小平理论为指导,坚持四项基本原则,坚持学术研究为社会主义现代化建设服务的方向。

(2)必须遵守《中华人民共和国著作权法》。按照《中华人民共和国著作权法》等有关法律文件的规定,应特别注意做到以下几点:合作创作的作品,版权由合作者共同享有;未参加创作,不可在他人的作品上署名;不允许剽窃、抄袭他人的作品;禁止在法定期限内一稿多投;合理使用他人作品的有关内容。

(3)必须保守党和国家的秘密,维护国家和社会利益。遵守《中华人民共和国保守国家秘密法》,对学术成果中涉及国家机密等不宜公开的重大事项,均应严格执行送审批准后才可公开出版(发表)的制度。

(4)遵守其他适用的法律法规。

3. 学术技术规范

学术技术规范主要指在以学术论文、著作为主要形式的学术创作中所必须遵守的有关内容及形式规格的要求,包括国内外有关文献编写与出版的标准、法规文件等。

(1)对学术创作内容的相关要求。选题应新颖独特,具有一定的理论研究或实际应用价值。观点要明确,资料要充分,论证要严密。观点必须反映客观事物的本质或规律,必须科学、准确且具有创新性。资料必须真实、可靠、翔实,最好选用第一手资料。论证必须概念清晰一致,判断准确无误,推理逻辑严密,达到材料与观点、历史与逻辑的有机统一。要能提供新的科技信息、研究观点、研究结果等,内容应有所发现、有所发明、有所创造、有所前进,而不是重复、模仿、抄袭前人的工作。

(2)对学术创作形式的相关要求。要求做到结构合理、文字正确、图表规范、著录标准、合法出版。

12.3.2 文献的合理使用

合理使用是指在一定的条件下使用受著作权保护的作品,可以不经著作权人的许可,也不必向其支付报酬。合理使用最直观的考虑是不允许使用他人的作品时出现阻碍自由思想的表达和思想的交流的情形。它主要关注个人性的使用和非直接为营利的使用。

1. 文献合理使用制度

《中华人民共和国著作权法》的立法原则是,除了首先保护著作权人的利益外,还要维护作品的传播者和使用者的权益,以利于科学文化的传播、传承和创新。因此,为了平衡三者之间的权益,《中华人民共和国著作权法》规定,在一定条件下,对著作权人享有的专有使用权要适当地进行限度,其中"合理使用"就是这样一种制度。

在下列情况下使用作品,可以不经著作权人许可,不向其支付报酬,但应当指明作者姓名、作品名称,并且不得侵犯著作权人依照《中华人民共和国著作权法》享有的其他权利。

(1)为个人学习、研究或者欣赏,使用他人已经发表的作品。

(2)为介绍、评论某一作品或说明某一问题,在作品中适当引用他人已经发表的作品。

(3)为报道新闻,在报纸、期刊、广播电台、电视台等媒体中不可避免地再现或者引用已经发表的作品。

(4)报纸、期刊、广播电台、电视台等媒体刊登或者播放其他报纸、期刊、广播电台、电视台等媒体已经发表的关于政治、经济、宗教问题的时事性文章,但著作权人声明不许刊登、播放的除外。

(5)报纸、期刊、广播电台、电视台等媒体刊登或者播放在公众集会上发表的讲话,但作者声明不许刊登、播放的除外。

(6)为学校课堂教学或者科学研究,翻译、改编、汇编、播放或者少量复制已经发表的作品,供教学或者科研人员使用,但不得出版发行。

(7)国家机关为执行公务在合理范围内使用已经发表的作品。

(8)图书馆、档案馆、纪念馆、博物馆、文化馆等为陈列或者保存版本的需要,复制本馆收藏的作品。

(9)免费表演已经发表的作品,该表演未向公众收取费用,也未向表演者支付报酬且不以营利为目的。

(10)对设置或者陈列在公共场所的艺术作品进行临摹、绘画、摄影、录像。

(11)将中国公民、法人或者非法人组织已经发表的以国家通用语言文字创作的作品翻译成少数民族语言文字作品在国内出版发行。

(12)以阅读障碍者能够感知的无障碍方式向其提供已经发表的作品。

(13)法律、行政法规规定的其他情形。

上述规定适用于对出版者、表演者、录音录像制作者、广播电台、电视台的权利的限制。

2. 文献的合理引用

为介绍、评论某一作品或者说明某一问题,在作品中适当引用他人已经发表的作品,可以不经著作权人许可,不向其支付报酬,但应当指明作者姓名、作品名称,并且不得侵犯著作权人依法享有的其他权利,所引用部分不能构成引用人作品的主要部分或者实质部分。

文献引用贯穿于学术论文的写作中:在引言部分,研究者在大量的背景信息(被引用的文献)中找出该研究领域中的某些"空白"之处(发现问题或提出问题),以说明进行本研究的缘由;在具体实验中,研究者通常利用前人相关研究中的一些方法和技术路线(被引用的文献);研究者对实验结果进行总结,提出理论假说的验证结果,并与已知经验或理论知识(被引用的文献)进行对照比较,提出肯定、否定和修正与发展的意见。

引用主要有以下几个方面的作用:支持论文作者的论证,提出有力的证据;体现科学研究的继承性,以及研究的依据、起点和深度;反映论文作者严谨的科学态度和对他人劳动成果的尊重;给读者提供详细具体的文献信息,便于读者查证和阅读原始文献;有助于文献情报人员进行情报研究和文献计量学研究;有利于精简论文篇幅,节省版面。

引用的基本原则是:参考文献要全面、权威、富有时效性;引文要准确、中立,不带感情倾向;要告知读者哪些是引用的,及时地标明或声明;访问录,未发表或出版的论著,不宜公开的内部资料、文件,以及未经发表的国家、地方政府及单位的计划等,不得引用。

在下列情况下,可以引用他人文献:使用他人的原始数据;逐字使用他人的表述;概述、解释或使用他人的观点;使用他人特殊的结构、组织形式和方法;提及他人的工作。

3. 学术不端行为的界定

中国科学技术协会 2007 年发布的《科技工作者科学道德规范(试行)》中对学术不端行为做了明确的界定。

(1)故意做出错误的陈述,捏造数据或结果,破坏原始数据的完整性,篡改实验记录和图片,在项目申请、成果申报、求职和提职申请中做虚假的陈述,提供虚假获奖证书、论文发表证明、文献引用证明等。

(2)侵犯或损害他人著作权,故意省略参考他人出版物,抄袭他人作品,篡改他人作品的内容;未经授权,利用被自己审阅的手稿或资助申请中的信息,将他人未公开的作品或研究计划发表或透露给他人或为己所用;把成就归功于对研究没有贡献的人,将对研究工作做出实质性贡献的人排除在作者名单之外,僭越或无理要求著者或合著者身份。

(3)成果发表时一稿多投。

(4)采用不正当手段干扰和妨碍他人研究活动,包括故意毁坏或扣压他人研究活动中必需的仪器设备、文献资料,以及其他与科研有关的财物;故意拖延对他人项目或成果的审查、评价时间,或提出无法证明的论断;对竞争项目或结果的审查设置障碍。

(5)参与或与他人合谋隐匿学术劣迹,包括参与他人的学术造假,与他人合谋隐藏其不端行为,监察失职,以及对投诉人打击报复。

(6)参加与自己专业无关的评审及审稿工作;在各类项目评审、机构评估、出版物或研究报告审阅、奖项评定时,出于直接、间接或潜在的利益冲突而做出违背客观、准确、公正的评价;绕过评审组织机构与评议对象直接接触,收取评审对象的馈赠。

(7)以学术团体、专家的名义参与商业广告宣传。

12.4 投稿指南

期刊的投稿流程一般包括投稿、编辑处理稿件、审稿、修改和结果几个方面。

12.4.1 投稿前的准备

1. 论文水平自我评估

投稿前对论文的水平或价值(理论价值与实用价值)做出客观、正确的评估,是一个重要而困难的工作过程。评估的标准是论文的贡献或价值大小以及写作水平的高低。作者可采用仔细阅读、与同行讨论、论文信息量评估等办法。其中信息量包括真实性、创造性、重要性、学术性、科学性和深难度。评估的重点在于论文是否有新观点、新材料和新方法。

对论文理论价值的评估是对论文在构造新的科学理论、利用最新理论研究过程和结果方面的评估,视其是否在理论研究上开辟了新领域、有突破或创见。

2. 投稿价值

论文定稿后,面临如何选择投稿目标期刊。选择投稿目标期刊总的原则是:在力争尽快发表的前提下,综合考虑各种因素,获得较大的投稿价值。所谓投稿价值,是指论文发表所产生影响的总和。最高的投稿价值可概括为:论文能够以最快的速度发表在能发表的最高级刊物上;能最大限度地为需要的读者所检索到或看到;能在最大的时空内交流传递。它是投稿追求的最高目标。了解科技论文投稿应考虑的一些因素,并利用目标期刊的征稿启事或作者须知,通过浏览目标期刊近期已发表论文的目录和内容等获得目标期刊的动态和变化情况,有利于选择投稿期刊。

3. 投稿方式

投稿主要有三种方式:纸质投稿、E-mail 投稿和在线投稿。纸质投稿一般需要将稿件打印几份,邮寄给期刊编辑部,有的期刊还要求有论文的软盘或光盘;E-mail 投稿就是将论文以附件的形式发给编辑;在线投稿就是期刊有在线投稿系统,作者将论文在网上提交。纸质投稿越来越少,逐渐被在线投稿取代。在线投稿是发展趋势,有直观、迅速和方便等特点,但在在线投稿前需要在网站进行注册,填写很多信息,且一定要记住网站地址、注册的账户名和密码等信息,否则耽误投稿计划。另外,在线投稿一定要找准投稿网站,避免上当受骗,因为在网上找的杂志社有些是非法刊物,中国期刊可以到国家新闻出版署网站上进行期刊/期刊社查询(http://www.nppa.gov.cn/nppa/publishing/magazine.shtml)。

在线投稿时,可写一封附信(a cover letter)给编辑部,一来这是一种礼节,二来简要说明作者情况及论文研究的主要内容,免得耽误论文的审稿,影响被录用。

12.4.2 拟投期刊的遴选

1. 期刊收录报道的范围

确定拟写的论文主题是否在所选择期刊刊发论文的主体范围内。不同期刊有不同的宗旨、不同的论文收录报道范围。期刊的收录报道范围及期刊的类型和级别基本决定了该刊的读者对象,也基本决定了稿件的写作风格与详简程度。

2. 期刊的学术地位

期刊的学术地位和学术影响表现在期刊所收录论文的水平、主编、编辑单位、专业人员心中的地位等方面。从图书情报界的角度看,期刊的学术地位和学术影响表现在期刊影响因子的大小、是否被国内外检索工具收录、是否为学科核心期刊等方面。

3. 期刊同类论文的现有水平

浏览一下所选择期刊近几年发表的与所研究领域相关的论文,看看你打算发表的论文是否达到该期刊的发表水平,是否比该期刊同类论文的现有水平高。如果该期刊同类论文的现有水平超过了我们即将投稿的论文水平,我们最好改投层次低一点的期刊。

4. 期刊的投稿须知

每种期刊的投稿要求,如投稿内容、页数、字号、字体、行距、标号、公式、图表、参考文献写法等不尽相同。在认真研读该期刊的投稿要求后,还可以下载几篇该期刊的同领域论文,看看这些论文的内容和格式,熟悉该期刊的论文结构和语言特点等。

5. 其他因素

除上述因素外,投稿还要考虑期刊的年出版周期、出版论文容量、语言文种、是否征收出版费等因素。一般来说,应尽量选择出版周期短、容量大的期刊投稿。在国际影响大的英文刊物上发表论文,能提高论文作者及其单位的学术地位。

12.4.3 投稿期刊的选择评价工具

基于论文水平,向外投稿应尽量选择以下期刊:SCI、EI 等检索系统收录的国外期刊;本学科的国外核心期刊;影响因子大的国外期刊。向国内投稿应尽量选择以下期刊:中国科学技术信息研究所选用的统计源期刊;本学科的国内核心期刊等。可利用图书情报界对期刊的研究结果,利用计算机进行检索与统计,利用有关期刊评价与报道目录,或利用期刊的作者须知等进行上述选择。

1.《期刊引用报告》

《期刊引用报告》由美国科学信息研究所出版,是对世界权威期刊进行系统客观评价的有效工具,依据来自 ISI Web of Science(Science Citation Index Expanded 和 Social Sciences Citation Index)中的引文数据。

《期刊引用报告》对 SCI 数据库收录的期刊进行论文间的引用和被引用数据统计,计算出每种期刊的影响因子等参数加以报道,对所收录期刊的学术水平、影响力等进行评价。《期刊引用报告》能为我们找到某一学科领域学术影响最大的期刊,找到被引用次数最多的期刊,找到最热门的期刊,比较期刊的选稿习惯,分析期刊的相对影响趋势等。

影响因子可以衡量某一年中期刊发表的文章被引用的平均频率。影响因子越大说明该期刊的每篇论文平均被引用的次数越多,说明该期刊所载论文平均水平高,说明该期刊学术水平高、影响大。影响因子也是评价期刊水平的动态与变化的参数。

2.《中文核心期刊要目总览(2020 年版)》

北京大学图书馆主持的中文核心期刊研究项目的研究成果《中文核心期刊要目总览(2020 年版)》由北京大学出版社在 2021 年 5 月底正式出版发行,主要为图书情报部门对中文学术期刊的评估与订购、为读者导读提供参考依据。

《中文核心期刊要目总览(2020 年版)》核心期刊定量评价采用了被摘量(全文、摘要)、被摘率(全文、摘要)、被引量、他引量(期刊、博士学位论文)、影响因子、他引影响因子、5 年影响因子、5 年他引影响因子、特征因子、论文影响分值、论文被引指数、互引指数、获奖或被重要检索系统收录、基金论文比(国家级、省部级)、Web 下载量、Web 下载率共计 16 个评价指标,选作评价指标统计源的数据库及文摘刊物达 48 种,统计到的文献数量共计 142 亿余篇次,涉及期刊 13 764 种。项目组完成了这些数据的查重、合并和规范化处理,建立了 2020 年版中文期刊定量评价期刊数据库、统计指标数据库和评价指标数据库,并于 2020 年 11 月 30 日完成了定量评价。2020 年 12 月 4 日开始定性评价,项目组通过发送电子邮件和短信邀请专家参加核心期刊的网上评审,全球共计 1 万多位专家登录评审网站进行了评审。2021 年 1 月 5 日,专家评审结束。经过定量筛选和专家定性评审,项目组从我国正在出版的中文期刊中评选出 1 990 种核心期刊,分属七大编 74 个学科类目。

12.4.4 回复审稿人的意见

编辑部将审稿人的意见转发给我们,要求我们按照意见修改论文,说明我们的投稿有希望被录用。因此,我们应认真回复审稿人的意见,按审稿意见认真修改论文,并给审稿人一个满意的答复。

1. 要按时完成修改任务

编辑部一般会根据审稿意见的内容判断需要修改的工作量,提出一个基本可行的修改时间长度。我们可在时间范围内及时修改稿和修改结果,并递交给责任编辑。

2. 所有问题必须逐条回答

我们应尊重审稿人,严格按照审稿人的意见做出回复。修改总的原则是按照审稿意见逐条回答,建议采用不亢不卑和自信的语气,给出的答复或说明要有针对性,且合情合理。

3. 为自己辩护

我们不能盲目迷信审稿专家,他们有时候对于审稿论文中一些具体的学术内容不一定很了解,这时,我们可以提出反驳意见,为我们的学术观点或研究方法进行辩护。该据理力争的时候就要如实地与编辑部沟通,使我们的学术研究方法得到认可。

4. 该让步时则让步

有时候我们的构思是正确的,但是审稿人和编辑部就是不接受我们的研究方法。如果我们让一步也不会明显影响我们论文的学术性,这时,我们不妨主动根据审稿人的意见对论文进行修改和删除。

另外,如果我们的论文被拒绝录用,我们也不要灰心丧气,审稿人一定会提出中肯的意见,这些意见对我们做学术研究是非常有价值的免费指导。根据这些意见,知道自己存在的问题是什么,只要处理好了,为随后的论文发表积累经验,最后一定会成功。

12.4.5 网上投稿示例

1. 中文期刊在线投稿

目前,越来越多的期刊要求网上投稿。进行网上投稿之前,先要找到期刊的投稿平台,中国知网有一个中国学术期刊论文投稿平台(http://www.cb.cnki.net)。该平台提供了一些期刊的投稿途径,如要向《低温建筑技术》期刊投稿,首先打开中国学术期刊论文投稿平台,选择《低温建筑技术》期刊,如图12-1所示。

图 12-1　选择《低温建筑技术》期刊

进入《低温建筑技术》期刊基本信息页面,可以查看期刊的主管单位、ISSN、CN等信息,点击"投稿"按钮,然后进入《低温建筑技术》期刊投稿平台,如图12-2所示。

点击"作者投稿系统",在"《低温建筑技术》作者工作中心"页面点击"注册"按钮进行注册(用你的E-mail注册新用户);填写"作者注册"信息;完成后点击"返回登录页面"进行登录;进入投稿页面,根据投稿流程中的提示进行投稿,最后确认投稿。投稿成功后,投稿人可以从网上查阅审稿进展情况。

2. 国外期刊在线投稿

这里以国外期刊 *Journal of Molecular Catalysis A：Chemical* 为例进行说明。首先进入期刊网站(http://ees.elsevier.com/molcaa/),点击"guide for authors",查看读者须知,了解期刊的投稿要求,如图12-3所示。

图 12-2 《低温建筑技术》投稿平台

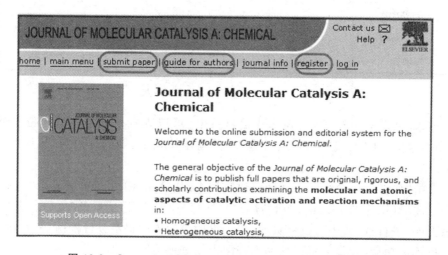

图 12-3 *Journal of Molecular Catalysis A: Chemical* 主页

在线投稿首先要注册,点击"register"进行注册,注册成功后,首先进行登录,点击"log in",如图 12-4 所示。

登录成功后,点击"submit paper"进入网上投稿平台,首先选择文献类型,再

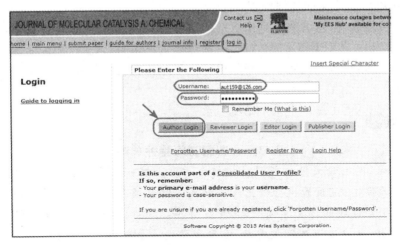

图 12-4　点击"log in"以作者身份登录

按要求输入论文的相关信息,如题名、作者、关键词、参考文献等,根据网站提示逐步进行投稿,如图 12-5 所示。在投稿过程中可以暂时中断,改日继续剩余步骤。点击"submit"提交稿件,整个网上投稿过程就结束了,投稿成功后编辑部会给作者发信确认。

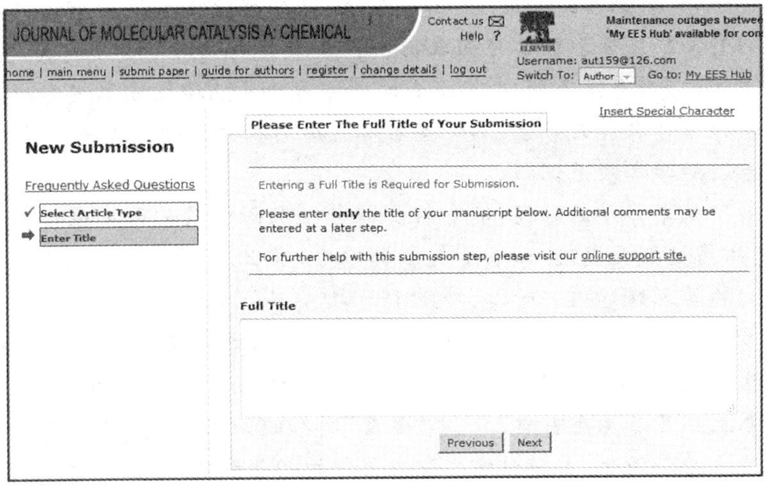

图 12-5　根据网站提示逐步进行投稿

国外期刊在线投稿一般在四周到六周时间内就可以收到来自编辑或者编委会的 E-mail 通知,告知稿件的受理情况。在这里还可以登录网站查看投稿后论文的处理情况。要登录"Author Gateway",在"Author login"处输入作者注册的户名和密码进行登录,在"online submissions"处查看自己论文的处理状态,点击

"show"可以看到论文的详细内容。

稿件被接收后,作者将收到出版社的稿件清样,用以进行最后的校对。如果认为有任何错误或者任何不同意的地方,都可以告诉编辑,杂志一般都非常尊重作者的意思,不会私自改动内容。签署版权转让书并传真给出版社后,论文就可以等待印刷出版了。

视野扩展

研究生抄袭剽窃须警钟长鸣

2017年,两则论文抄袭新闻引起社会关注。其一,复旦大学毕业的博士仇某某的博士学位论文《政策执行研究——以我国职业教育领域为例》被指涉嫌抄袭天津大学博士亓俊国的博士学位论文《利益博弈:对我国职业教育政策执行的研究》。2017年1月17日澎湃新闻披露后,复旦大学校方立即启动调查程序,并于1月21日做出撤销仇某某博士学位、停止其导师招收研究生资格的决定。其二,北京大学博士于某某在校期间的期刊学术论文《1775年法国大众新闻业的"投石党运动"》存在严重抄袭,北大撤销其博士学位。于某某起诉母校,法院判决北大撤销某某的学位有违正当程序,北大表示将上诉,"最终要维护学术的纯净和清誉"。

自古以来,抄袭剽窃都被认为是"不学无术""为君子所不齿",并且在如今网络发达的情况下,抄袭剽窃几乎是"一抓一个准"。那为什么还有人敢冒天下之大不韪呢?我们的高校该吸取什么样的教训,并"亡羊补牢"呢?

不可否认的是,有很多研究生只是忙着学习和研究,而对于学术规范不甚了解。他们不知道什么算是抄袭、如何妥当地引用别人的论断和文献。在本科阶段,也很少有专门的学术规范课程。

每年到了秋季开学的时候,很多高校都会组织新进校的研究生参加学术道德宣讲会,有的高校甚至规定:如果没有参加学习,那么不能修读研究生专业课。但如何把听到的学术规范内化于心、外化于行,这是个问题。

有很多研究生(特别是理工科研究生),在写作方面并非"秀才"。笔者带的10多个研究生,科技论文写得好的只有1~2个。笔者看到有些学生写学位论文时,计算机屏幕上都开着几个窗口——在"参考"别人的论文。他们写学位论文的绪论部分时尤其吃力。因此,加强对学生论文写作的指导和训练,显得特别重要。

更重要的是,要加强对研究生平时的管理和进度监督。有一些导师平时对研究生疏于管理,研究生平时经常外出实习甚至开网店,到了临交毕业论文前两个月才开始写毕业论文,这样很可能会忙中出错、粗制滥造甚至出现抄袭剽窃现象。有鉴于此,笔者让研究生在发表一篇英文SCI论文后,马上把SCI论文翻译成中文,作为学位论文的一个章节。学生至少提前一年开始写学位论文,一边写,一边上交进行验看和修改。

现在,有很多高校在送审研究生的学位论文之前进行论文查重。并且,一旦学生被爆抄袭剽窃,"造成不良社会影响",导师也连带受到处罚。但笔者认为,简单地进行论文查重和连坐处罚,并不能从根本上提高研究生学位论文的质量。

解决问题的关键是,把研究生培养的各个环节(包括学术规范教育、优良学风的养成、研究过程监督、论文撰写训练、论文质量把关等)都抓起来,而不是仅仅让学生做实验、测数据,更不能像"放羊"那样对研究生的日常研究不闻不问,并出了问题以后一推了之。

思考题

1. 论文的 IMRaD 格式是指什么?
2. 如何拟订论文的关键词?
3. 怎样练习写出"欧化"风格的英文摘要?
4. 典型的学术不端行为有哪些?
5. 学术论文撰写过程中引用文献时需要注意哪些问题?

附 录

附录 A 表示国家或地区名称的国际通用代码(部分)

countries or regions	国家或地区	国际域名缩写	countries or regions	国家或地区	国际域名缩写
Angola	安哥拉	AO	Costa Rica	哥斯达黎加	CR
Afghanistan	阿富汗	AF	Cuba	古巴	CU
Albania	阿尔巴尼亚	AL	Czech Republic	捷克	CZ
Algeria	阿尔及利亚	DZ	Denmark	丹麦	DK
Argentina	阿根廷	AR	Ecuador	厄瓜多尔	EC
Armenia	亚美尼亚	AM	Egypt	埃及	EG
Australia	澳大利亚	AU	Estonia	爱沙尼亚	EE
Austria	奥地利	AT	Ethiopia	埃塞俄比亚	ET
Bahamas	巴哈马	BS	Finland	芬兰	FI
Bahrain	巴林	BH	France	法国	FR
Bangladesh	孟加拉国	BD	Georgia	格鲁吉亚	GE
Belarus	白俄罗斯	BY	Germany	德国	DE
Belgium	比利时	BE	Greece	希腊	GR
Bolivia	玻利维亚	BO	Hong Kong	中国香港	HK
Brazil	巴西	BR	Hungary	匈牙利	HU
Bulgaria	保加利亚	BG	Iceland	冰岛	IS

续表

countries or regions	国家或地区	国际域名缩写	countries or regions	国家或地区	国际域名缩写
Cambodia	柬埔寨	KH	India	印度	IN
Cameroon	喀麦隆	CM	Indonesia	印度尼西亚	ID
Canada	加拿大	CA	Iran	伊朗	IR
Central African Republic	中非	CF	Iraq	伊拉克	IQ
Chile	智利	CL	Ireland	爱尔兰	IE
China	中国	CN	Israel	以色列	IL
Colombia	哥伦比亚	CO	Italy	意大利	IT
Congo	刚果(布)	CG	Jamaica	牙买加	JM
Japan	日本	JP	New Zealand	新西兰	NZ
Jordan	约旦	JO	Niger	尼日尔	NE
Nigeria	尼日利亚	NG	Kazakstan	哈萨克斯坦	KZ
Kenya	肯尼亚	KE	Norway	挪威	NO
Korea, Democratic People's Republic of	朝鲜	KP	Korea, Republic of	韩国	KR
Oman	阿曼	OM	Kuwait	科威特	KW
Pakistan	巴基斯坦	PK	Laos	老挝	LA
Panama	巴拿马	PA	Lebanon	黎巴嫩	LB
Paraguay	巴拉圭	PY	Liberia	利比里亚	LR
Peru	秘鲁	PE	Libya	利比亚	LY
Philippines	菲律宾	PH	Lithuania	立陶宛	LT
Poland	波兰	PL	Luxembourg	卢森堡	LU
Portugal	葡萄牙	PT	Macau	中国澳门	MO

续表

countries or regions	国家或地区	国际域名缩写	countries or regions	国家或地区	国际域名缩写
Qatar	卡塔尔	QA	Madagascar	马达加斯加	MG
Romania	罗马尼亚	RO	Malaysia	马来西亚	MY
Russian Federation	俄罗斯联邦	RU	Maldives	马尔代夫	MV
Saudi Arabia	沙特阿拉伯	SA	Malta	马耳他	MT
Singapore	新加坡	SG	Mauritius	毛里求斯	MU
Slovakia	斯洛伐克	SK	Mexico	墨西哥	MX
South Africa	南非	ZA	Monaco	摩纳哥	MC
Spain	西班牙	ES	Mongolia	蒙古	MN
Sri Lanka	斯里兰卡	LK	Morocco	摩洛哥	MA
Sudan	苏丹	SD	Myanmar	缅甸	MM
Namibia	纳米比亚	NA	Sweden	瑞典	SE
Nepal	尼泊尔	NP	Switzerland	瑞士	CH
Netherlands	荷兰	NL	Syrian Arab Republic	叙利亚	SY
Taiwan	中国台湾	TW	United Kingdom	英国	GB
Tajikistan	塔吉克斯坦	TJ	United States	美国	US
Tanzania	坦桑尼亚	TZ	Uruguay	乌拉圭	UY
Thailand	泰国	TH	Uzbekistan	乌兹别克斯坦	UZ
Tunisia	突尼斯	TN	Venezuela	委内瑞拉	VE
Turkey	土耳其	TR	Viet Nam	越南	VN
Turkmenistan	土库曼斯坦	TM	Yugoslavia	南斯拉夫	YU
Ukraine	乌克兰	UA	Zimbabwe	津巴布韦	ZW
United Arab Emirates	阿联酋	AE			

附录 B 英汉信息检索常用词汇

abbreviated	缩写的
abbreviation listing	缩写刊名目录
abstract	文摘
academic	学术的
accession number	登记号（存取号、入藏号）
access path	访问路径
acknowledgment	致谢
address	地址
advanced search	高级检索
all fields	所有（任意）字段
alphabetic list	字顺表
alphabetical list of journals	期刊名首字母一览表
anywhere	任意字段
applicant	申请人
application serial number	申请号
application date	申请日期
application type	申请类型
article	文章（论文）
arts & humanities citation index	艺术与人文引文索引
assignee name	受让人姓名
assignee city	受让人所在城市
assistant examiner	助理审查员
attorney or agent	（专利）律师或代理人
author	著者
author affiliation	著者单位
autostemming off	自动取词根（EI 数据库）
biographical	传记的
Boolean operator	布尔运算符
browse	浏览
browser	浏览器
CAS registry handbook	美国化学文摘社登记号手册

catalogue	目录
Chemical Abstracts	美国《化学文摘》
Chemical Abstracts service source index	《化学文摘》来源索引
chemical substance index	化学物质索引
China National Knowledge Infrastructure(CNKI)	中国知识基础设施工程
citation index	引文索引
cited	被引用
cited reference	被引文献
claim(s)	权利要求
classification	分类(号)
combining previous search	合并以前的检索
competitive intelligence(CI)	竞争情报
conference	会议
corporate author	团体作者
corporate name	机构名称
criteria	标准(检索式)
cross-license	交叉许可
current US classification	美国(专利)分类号
default field	默认字段
descriptor	叙词
dissertation	(硕士)论文
document	文献
document retrieval	文献检索
document type	文献类型
DOI(digital object identifier)	数字对象标识符
description/specification	专利说明书
electrical and electronics abstracts	电气与电子学文摘
encyclopedia	百科全书
exact phrase	精确匹配
expanded search	扩展检索
expert search	专家检索
field search	字段检索
foreign priority	外国优先权
formula index	分子式索引

free keyword	自由主题词
fuzzy search	模糊检索
general subject index	普通主题索引
government interest	政府利益
group author	团体作者
hierarchical list of thesaurus terms	词族表
homograph definitions	同形异义释义
IEEE	电气与电子工程师协会
IF(impact factor)	影响因子
illustrative structure diagrams	结构式图解
index	索引
information	信息(情报)
information resources	信息资源
information retrieval	信息检索
interface	界面
international classification	国际专利分类号
inventor country	发明人所在国家
inventor name	发明人姓名
IPC(international patent classification)	国际专利分类法(号)
ISBN	国际标准书号
ISSN	国际标准连续出版物号
issue	(第几)期;出版;发行
issue data	(专利)公布日期
journal(name)	期刊名称
journal citation report	期刊引用报告
journal articles	期刊论文
journals translation table	期刊转换表
keyword	关键词
knowledge	知识
language	语种
limit your search	限定检索范围
literature	文献
logon(log on)	登录
logout (log out)	注销
MARC(machine-readable cataloging record)	机读目录格式

217

match any words	任意词匹配
mirror site	镜面站点
monograph	专著
OA(open access)	开放存取
OPAC(online public access catalogue)	联机公共目录(查询系统)
organization	机构(单位)
patent	专利
patent family	同族专利
patentee	专利权人
patent number	专利号
patent index	专利索引
peer reviewed	经过同行评议的
precision ratio	查准率
periodical	期刊
phrase search	短语检索
portable document format(PDF)	便携式文档格式
primary examiner	主要审查员
priority	(专利)优先权
publisher	出版公司(出版商)
publication	出版物
publication year	出版日期
quick search	快速检索
query	查询
recall ratio	查全率
reference	参考文献
registry	注册(登记)
related record	相关记录
relevancy ranked	相关度排列
result	(检索)结果
retrieval	检索
retrieval strategy	检索策略
review	述评
science citation index	科学引文索引
search criteria	搜索条件
search engine	搜索引擎

search history	检索史检索
selective dissemination of information	定题服务
serial number	流水号
series of monographs	丛书
simple search	简单检索
social sciences citation index	社会科学引文索引
source publication	刊名(来源出版物)
source title	题名(来源出版物)
sources share	资源共享
standard	标准
storage	存储
subheading	副主题词
subject	主题
subject extracting	主题抽取
summary	综述
technical report	技术报告
term	项;条
thesaurus	叙词表(主题词表、同义词典)
thesis	(博士)论文
title	篇名(题名、标题)
topic	主题
truncation search	截词检索
update	更新内容
virtual library	虚拟图书馆
volume	卷

参考文献

[1] 燕今伟,刘霞.信息素质教程[M].武汉:武汉大学出版社,2008.

[2] 赵立桢.试论信息检索的意义及作用[J].沈阳农业大学学报(社会科学版),2003,5(4):388-390.

[3] 朱刚.论电子信息资源的特点与利用[J].中小学图书情报世界,2006,(1):58-60.

[4] 周文荣.信息资源检索与利用[M].北京:化学工业出版社,2000.

[5] 唐永林,葛巧珍.网络时代信息基础与检索[M].上海:华东理工大学出版社,2003.

[6] 谢德体,陈蔚杰,徐晓琳.信息检索与分析利用[M].北京:清华大学出版社,2007.

[7] 信息检索中主体法和分类法是如何进行信息存储和检索(原理和过程)[EB/OL].(2009-10-15).[2010-01-15].http://zhidao.baidu.com/question/121440386.html.

[8] 杜慰纯,宋爽,李娜,等.信息获取与利用[M].北京:清华大学出版社,2009.

[9] 叶继元.信息检索导论[M].北京:电子工业出版社,2003.

[10] 何丽梅,喻萍,严而清,等.实用文献信息资源检索[M].北京:化学工业出版社,2002.

[11] 朱丽君.信息资源检索与应用[M].北京:化学工业出版社,2004.

[12] 财富故事会"新"光闪烁[EB/OL].(2009-01-07).[2010-01-17].http://space.tv.cctv.com/act/article.jsp?articleId=ARTI1231318920880165.

[13] 2008年全国新闻出版业基本情况[EB/OL].(2009-07-21).[2010-02-08].http://www.gapp.gov.cn/cms/html/21/1392/200907/465109.html.

[14] 孙君.SciFinder Scholar数据库的检索方法与使用技巧[J].现代情报,2006,26(2):211-212,215.

[15] 任平.SciFinder Scholar的检索及其特点[J].现代图书情报技术,2006,(2):91-95.

[16] 张燕蕾.SciFinder Scholar数据库及其检索技巧[J].中华医学图书情报杂志,

2008,17(1):65-67,80.

[17] 张红梅,勾丹.SciFinder Scholar 数据库检索技巧[J].沈阳药科大学学报,2008,25(6):498-452.

[18] 吴长江.化学物质登记号的获取方法[J].农业图书情报学刊,2006,18(10):100-101,105.

[19] 邵诚敏.SciFinder Scholar 2007 检索特点及分析功能[J].现代情报,2008,28(2):178-179,184.

[20] 柯平.信息素养与信息检索概论[M].天津:南开大学出版社,2005.

[21] 顾飞荣,彭少兵.SCI 论文撰写与发表[M].济南:山东教育出版社,2009.

[22] 数位物件识别号[EB/OL].[2009-01-25].http://zh.wikipedia.org/wiki/DOI.

[23] 谷琦.数字对象惟一标识 DOI 的应用研究[J].现代情报,2009,29(5):73-76.

[24] 赵蕴华,凌锋.DOI——建立开放式知识链接的基础[J].数字图书馆论坛,2007,(10):19-22.

[25] 蔡志勇.教你免费查专利[M].北京:化学工业出版社,2007.

[26] 邹丽萍.谈 WTO 环境下的专利信息检索[J].图书馆学研究,2003,(7):60-63.

[27] 郑祥琥.比亚迪之父王传福:巴菲特看好的人[M].北京:中央编译出版社,2009.

[28] 杨健.3G 标准,三分天下有中国[N].人民日报,2007-6-11(6).

[29] 黄敏.标准,战略利益之争[J].电器,2005,(10):10.

[30] 中科院李一斌:RFID 标准之争即利益之争[EB/OL].(2009-11-16).[2010-02-19].http://info.secu.hc360.com/2009/11/161332184260.shtml.

[31] 虞颖映,辛均益,杜娟.学位论文数据库在科技查新中的作用分析[J].医学信息学杂志,2008,(5):56-58.

[32] 房文革.万方《中国学位论文全文数据库——镜像版》检索方法和技巧[J].图书馆工作与研究,2007,(3):72,75.

[33] 张明杰,马宁.诺贝尔奖中的有机化学概论[M].天津:天津大学出版社,2007.

[34] ProQuest 学位论文全文检索系统[EB/OL].[2010-01-11]. http://proquest.calis.edu.cn/umi/index.jsp.

[35] 学术会议有哪些类型和形式[EB/OL].(2009-08-26).[2010-01-11].http://www.sciencenet.cn/m/user_content.aspx?id=251432.

[36] 大战在即,电纸书暗潮涌动[N].电脑报,2010-2-1,(C).

[37] 常万里.名人的读书生活[M].北京:中国华侨出版社,2002.
[38] 杜新中.大学图书馆导读教程[M].郑州:中州古籍出版社,1991.
[39] 陈勤.网络免费资源的类型与检索策略[J].晋图学刊,2008,(2):40-43.
[40] 唐杰波,徐晶.免费获取网络英文科技文献资源[J].重庆图情研究,2009,(2):36-39.
[41] 国外免费全文网站[EB/OL].[2009-11-11].http://lib.jju.edu.cn/mfdzzy/gwmfqwwz.htm.
[42] 贺晓利.信息资源网络检索的特点、问题及对策[J].现代情报,2007,27(5):72-73.
[43] 李双燕.医学文献检索应注意的一些问题[J].中国卫生事业管理,2007,23(2):141-142.
[44] 赵乃瑄,冯新.化工化学电子文献检索与分析策略[M].北京:化学工业出版社,2007.
[45] 李晓艳.光盘检索中的检索字段[J].现代情报,2003,23(3):144,143.
[46] 朱小平.关键词检索技术与应用技巧[J].咸宁学院学报,2006,26(4):206-207.
[47] 黄碧云,方平.自然语言在Pubmed检索系统中的应用[J].情报科学,2001,19(11):1191-1192,1204.
[48] 夏立新.网络信息检索的失误分析及扩检与缩检措施的选择[J].现代图书情报技术,2003,(3):55-57.
[49] 吴成芳.挖掘隐性主题,提高检索效果[J].煤炭科技情报工作,1992,(3):13-16.
[50] 李小平,李英.医学文献检索漏检分析及对策[J].遵义医学院学报,2002,25(2):195-196.
[51] 李育嫦.书目数据库检索中的漏检与误检原因及对策[J].图书情报知识,2003,(1):65-67.
[52] 王云.六种检索用词的衍生方法[J].教学与科技,1995,8(4):24-26.
[53] 陈荣.有机化学物质检索方法探讨[J].福建图书馆学刊,2002,(2):25-26,21.
[54] 语义搜索领跑后google搜索引擎[EB/OL].(2008-07-09).[2010-01-09].http://net.chinabyte.com/77/8208577.shtml.
[55] Google面临新技术挑战,语义搜索潜力大[EB/OL].(2008-06-18).[2010-01-15].http://www.cnetnews.com.cn/2008/0618/933251.shtml,2008-06-18.
[56] 冯白云,林佳.化学及相关学科信息源——信息检索、分析与管理[M].北京:

清华大学出版社,2003.
- [57] http://www.cqvip.com.
- [58] http://www.cnki.net.
- [59] 赵秀珍,杨小玲.科技论文写作教程[M].北京:北京理工大学出版社:2005.
- [60] 罗敏.现代信息检索与利用[M].重庆:西南师范大学出版社:2007.
- [61] 肖川.人文-社会学术研究中的感悟、思辨与实证[J].北京师范大学学报(社会科学版),2009,(1):29-37.
- [62] F.L.利伯恩.科技英文写作进阶[M].任胜利,莫京,安瑞,译.北京:科学出版社,2009.
- [63] 陈延斌,张明新.高校文科科研训练与论文写作指导[M].北京:中央编译出版社,2004.
- [64] 杨小玲,高鲁山.科技论文关键词标引方法的误导必须纠正[J].编辑学报,2002,14(1):25-26.
- [65] 马臻.如何撰写科研论文的讨论部分[EB/OL].(2017-02-02)/[2021-04-11]. http://blog.sciencenet.cn/blog-71964-1270139.html.
- [66] 北京大学图书馆.北大图书馆主持研制完成的《中文核心期刊要目总览》(2020版)正式出版发行[EB/OL].(2021-06-08)/[2021-06-16]. http://news.pku.edu.cn/xwzh/61219e07d40b4487929ade79d6b807ee.htm.
- [67] 马臻.研究生抄袭剽窃须警钟长鸣[EB/OL].(2017-01-22)[2021-03-10]. http://blog.sciencenet.cn/blog-71964-1029187.html.